大是文化

黃渤說話的藝術

為什麼他能讓周星馳佩服、林志玲以他為擇偶標準？

媒體人、黃渤超級鐵粉
劉瑞江——著

黃渤語錄

1

當時唱歌的時候最多一天連趕過十一個場，人家分偶像派和實力派，我是體力派。

2

學習這事兒給我帶來的，基本上全是恥辱。

3

我一直在演電影，不就是一直靠臉吃飯的嗎？

4

問：帥哥和美女，哪一個是你不能演的？
黃渤：誰說我這個帥哥不能演美女了？

5

人在半山腰的時候是最開心的。

6

就算是草根，我也是冬蟲夏草。

7

問：國慶檔你有三部電影要上映，你最喜歡哪一部？

黃渤：請問今天哪個導演來了？

8

這個時代不會阻止你自己閃耀，但你也覆蓋不了任何人的光輝，我們只是繼續前行的一些晚輩，不敢造次。

想看更多拍案叫絕的黃渤語錄嗎？詳見二九五頁。

CONTENTS

第2章

有些問題，你不需要回答，甚至可以不必回答

CONTENTS

第3章 赤子之心，就隱含在心口如一裡頭

第4章

累計六十億票房，他一樣有迷茫和彷徨

CONTENTS

第5章 用溫和的口氣，淋漓盡致的發揮個性

推薦序一
你的一萬小時，從現在開始

飛碟電臺DJ與主持人、金鐘典禮司儀／歐馬克

前幾年大紅的書《異數》中，作者提出了一個現今廣為流傳的理論——一萬小時：「只要經過一萬小時的錘鍊，任何人都能從平凡變成超凡。」這個理論給予我們無窮的希望：給我一萬小時，我就能像那些頂尖的職業選手一樣，只要我努力，我就能成功。

於是，我們開始以時間來換算我們與成功人士的距離：若每天投入八小時（大約是一般人一天上班、上學的時間），那麼一萬小時只要不出三年半的時間；若每天下班後撥出三小時，則要花九年才能達到一萬小時！

大家很快也很直覺的把重點放在「一萬小時」這個可以量化的數字，但實際上，讓人從平凡變超凡的重點，不在一萬小時，而在「錘鍊」。

只要很簡單的想想從小到大，我們花了多久時間吃飯、多久時間走路、多久時間呼吸；這些我們天天在做的事情，早就遠遠超過了一萬小時的門檻，但我們卻沒有成為吃飯達

人、走路達人、呼吸達人。

話說，「說話」也是。

我們從一歲開始發出聲音，到現在早已數不清說過多少話、回答過多少個問題。可是在沒有**刻意練習**的情況下，我們說話，就跟吃飯走路呼吸一樣，只是為了生活，只是一種本能的反應。

所以雖然每個人都會說話，但是真正能把話說得好的說話達人，卻沒有幾個。

在這本《黃渤說話的藝術》中，作者像個「天橋下的說書人」，從旁觀者的角度記錄並分析影帝黃渤在受訪時的巧答，輔以文學或歷史上的著名場景，讓整本書讀來，像在看武俠小說般的精彩。主角不是張無忌、令狐沖，卻一樣有著絕世武功；耍的不是倚天屠龍，而是脣槍舌劍、談吐如流。高手過招的瞬間有如電光石火，可是在作者的妙筆之下，短短的一秒鐘，卻可以延展為一個篇章。就像職業運動的戰術分析師，本書如同用慢動作回放場景的影像，重新分析當時情緒氣氛的流動；作者時不時在關鍵處按下暫停，對場上球員的動作做出評比，解說這樣做會把比賽帶往什麼方向，而如果那樣做，又會造成什麼可能的影響。

我們雖然不是身處在競爭激烈、爭奇鬥妍的演藝圈，不用每天處理咄咄逼人的尖銳提問，但生活中難免遇到心態扭曲、喜歡以言語刺激人的討厭鬼，或腦子少根筋、出言不遜的無禮莽漢。這些人可能是老闆、同事，可能是同學、老師，可能（很不幸的）是你的家人、親戚，如何有智慧的面對他們的口頭挑戰，如何幽默又不失禮的給他們好看，這是需要好好學習的「錘鍊」。

所以，話，既然每天都要說，那就讓我們開始有意識的練習吧！

推薦序二

將自己打造成左右逢源的魅力說話高手

亞洲第一激勵達人／鄭匡宇

我在教授演講技巧課程的時候，最常被學生問到的問題就是：「鄭老師，請問我如何能做到臺上說話時的幽默風趣？我也想像某某人一樣，可以談笑風生，獲得臺下一陣又一陣的笑聲與掌聲！」

其實，這種幽默風趣，或者所謂的臨場反應與機智，如果只想著要在臺上表現出來，那就太遲了，根本就應該從平日生活中來刻意練習。但要怎麼刻意練習呢？

比如，當你看到吳宗憲或黃子佼在主持節目的時候，第一步先認真看、跟著笑；第二步，試著用自己的話，模擬類似的情景，把剛才好笑的精華說出來；第三步則是想方設法加油添醋，看看能不能發揮自己的創意，來做出些不同、混搭些元素，讓原本吳宗憲與黃子佼的笑料，變成是你自己獨一無二的笑點。

當你這樣練習久了，無時無刻都在訓練幽默風趣，很自然的在突發狀況發生時，就能讓別人覺得你反應極佳、妙語如珠。

而這本《黃渤說話的藝術》，則是非常有系統的讓大家能夠向影帝黃渤這樣的強者學習。熟讀並妥善運用這本書，除了練習幽默風趣外，還可以強化情緒管理、口語魅力，讓你一開口就擄獲人心，並且彰顯個人品牌塑造的高度。

例如，書中教會你在面對刁難時怎麼辦？不想回應時怎麼辦？怎麼扭轉自身弱點變優勢、誇人誇到心坎裡……。本書很全面性的讓你培養出影帝級的說話魅力，使你在不同場合中都能無往不利。

綜合我上面所說的技巧，以及書中的智慧，我們來看看閱讀這本書的你，能如何實際操作吧！

比方說，書中提到某次金馬獎典禮上，黃渤很機智的用「金馬獎就像自己家一樣麼，在自己家穿隨便點很正常」來回應主持人鄭裕玲虧他似乎穿得太居家，緊接著又用「其實，你也不是一個人在戰鬥，我剛才看到一匹馬和你在一起。這麼久了，只看到人騎馬，還沒見過馬騎人」（蔡康永當天穿著一件背上有馬的圖案的外衣）來回應蔡康永伶牙俐齒的反應「……可是，黃渤，這裡是我家，不是你家」。

當我們看到這段文字時，除了佩服黃渤的反應外，也可以想想如果自己是黃渤，能怎麼反應來展現機智呢？

如果是我，就會在康永哥說出「……可是，黃渤，這裡是我家，不是你家」時，先停頓個兩秒，然後說：「哎呀，康永別這樣麼！我們全家都是你家啊！咦，全家便利店好像這次沒有贊助金馬獎喔，那麻煩明年贊助一下，今年廣告費就當送你們的……。」相信在當下同樣也會博得滿堂彩。

一本好書，如果只是看卻沒有實際操作，那就太可惜了。希望大家都能好好運用書中的智慧和經驗，把自己也打造成左右逢源的魅力說話高手！

第 1 章

口才可以改變外貌與形象，醜男黃渤辦到了

「剛考上北京電影學院的時候，有的同學就說，黃渤也考上電影學院了，現在的招生標準太鬆了吧？」

後來還有一位長輩知道我要演戲了，然後跟我說：「女怕嫁錯郎，男怕選錯行啊！」看樣子我選對了！

1——怎樣應對刁難？他用幾個字就讓蔡康永笑了

金馬獎上，黃渤遇到了刁難，而且是一個強有力的對手。

大千世界，芸芸眾生，在成長的道路上，遇到他人有意無意的刁難，是再正常不過的事情。所以我們要做的，並不是想辦法避免自己遇上刁難，而是要學習遇到刁難時，該怎樣去有效的應對。

在二〇一三年金馬獎的頒獎晚會上，黃渤就碰上了被人刁難的事情。

那天，燈光璀璨、眾星雲集，來自世界各地的華人明星們走向紅地毯，共聚一堂，期待著「第五十屆臺灣電影金馬獎」的各大獎項出爐。梁朝偉、劉德華、章子怡、張曼玉、張家輝、舒淇等眾多明星到場，他們大都是叱吒國內外影壇的風雲人物。此時華麗的聚集，可謂星光耀眼，彷彿讓晚會舉辦地——臺北國父紀念館比以往更加富麗堂皇。

從眾明星的穿著打扮上就可以看出，大家的風格雖然不盡相同、各有特色——有的璀璨而大氣，有的另類卻隨和，有的俏皮又不失莊重。但毫無例外的是，他們都為此次盛會花了不少心思。其中，前一屆金馬獎主持人黃渤身著名設計師Simon Gao在此前剛剛發表的二〇一四春夏系列時裝：暗色的緞面印花材質，長袍細腰帶的造型；而本屆金馬獎主持人蔡康永則別出心裁，上身穿了一件黑白相間的格子禮服，後面赫然「背著」一匹馬的造型，貼切呼應了「金馬獎」。

當晚，頒獎嘉賓鄭裕玲與黃渤同臺頒獎，她首先**拿黃渤的穿著造型開起了玩笑：「今天晚上你穿的是睡衣吧？**因為我已經五年沒來金馬獎了，所以我是盛裝出席。你看臺下的劉德華、梁朝偉、成龍，他們都很隆重的。」原來，黃渤雖然穿得低調又不失貴族風範，但造型本身與大多數明星比起來，顯得居家了一些，鄭裕玲就正好藉此尋開心。

在如此歡快的氣氛中，明星們互相打趣開玩笑，是常有的事，特別是登臺後的對答，如果應對得體機智，還會產生相聲般的幽默效果。但若應答得捉襟見肘，就會很難下得了臺，有時還會影響到他們在粉絲心目中的形象，甚至給自己的演藝事業帶來影響。所以，鄭裕玲的話一出口，臺下人都不禁端正了一下身姿，就想聽聽黃渤到底該怎麼回答。

聚光燈、攝影機、無數雙眼睛，這可是全球直播的晚會呀！

沒想到，黃渤卻立刻輕鬆自然的說：「對對對，因為他們都是客人麼，客人到別人家裡去，當然要穿得隆重一點兒。你已經五年沒來，可這五年我一直在金馬獎，這裡已經像家一樣。回到家裡穿什麼？回到家裡一定要穿得舒服一點兒。」好一個機智的回答，他的話音還沒落下，眾明星已經笑聲四起，臺下掌聲連連，一場可能出現的尷尬，就這樣被黃渤幾句話給化解了。

誰知，一場更大的話語「刁難」又緊接著向黃渤襲來。

當鄭裕玲提到金馬獎當晚的主持人蔡康永時，說他雖然是一個人在主持，但是做得很好，黃渤也當即點頭鼓掌回應。觀眾的眼睛都被臺上的三個人吸引，目光全部聚集到了臺上的熱烈氣氛中。面對誇獎，蔡康永先說了兩句感謝和「恭維」的話，然後馬上話鋒一轉，說道：「……可是，**黃渤，這裡是我家，不是你家。**」

實際上，蔡康永的這句話並沒有問題，他的意思可能是說，這屆金馬獎由他主持，自然是他的「家」。但是，此時此刻的氛圍，當話說出口後，就難免有一定的殺傷力，就連臺下觀看的眾明星都似乎措手不及；有人甚至面露錯愕，就連郭富城和劉德華那樣見多識廣的天王巨星，表情都有了變化，顯出擔心的樣子，為黃渤暗捏了一把汗。

在座的每一位都非常清楚，遇到這樣的刁難，如果反擊過重就會得罪人，而且也不利於自己的形象；可如果當作沒事發生，或反擊得弱而無力，就顯得過於窩囊，同樣對自己的形象不利。何況，蔡康永向來被看作是最機智的主持人之一，黃渤這下可算是遇到了一個強有力的對手。

就在大家還沉浸在蔡康永給出的難題中時，黃渤已經開始應對。他先順勢大笑了起來，讓場面沒有變得過於尷尬，然後才平靜而鎮定的接著鄭裕玲剛才的話頭——一個人在主持，微笑著對蔡康永說：「其實，你也不是一個人在戰鬥，我剛才看到一匹馬和你在一起。這麼久了，只看到人騎馬，還沒見過馬騎人。」

在場的明星觀眾們先是愣了一秒鐘，然後爆出了震耳欲聾的笑聲和掌聲。剛剛還對黃渤一臉「同情」的劉德華、張家輝和劉嘉玲等人，此時都抑制不住的開懷大笑。特別是劉德華，一邊大笑一邊環顧四周，好像要急於讓所有人知道他有多開心一般，連蔡康永本人都笑著鼓起了掌。

是啊，多絕妙的應對，多精準的反擊。首先，黃渤成功的從之前談論過的地方入手，使得現場整體的話語氛圍比較連貫，並不會讓人們產生「他為了反擊而製造話題」的念頭，在聽眾心目中自然沒有留下對他本人的芥蒂；其次，馬騎人的說法非常符合蔡康永之前的形象，一下子就能把大家的注意力引到他身上；而且，人騎馬與馬騎人的話題，本身就營造了一個笑點，或者說構成了一個機智而不乏幽默的段子，既非常契合頒獎晚會這樣歡快的場合，又能博大家一樂，為自己博得更多好感；最後，也是最重要的一點，就是黃渤巧妙的用雙關語，以「馬騎（欺）人」來回擊蔡康永的刁難，一下子扭轉了對自己不利的局面，但又不是用撕破臉的直接話語去回擊。因此，在起到應對效果的同時，讓對方知道自己並非軟柿子，還為對方留足了顏面。總之，輸贏立現，大家都會心大笑，一次貌似平靜，實則爭鋒相對的「話語搏鬥」，就這樣歡快而悄然的過去了。

所以說，**在社會交際中，能夠機智的應對別人的刁難，是一種多麼重要的能力**。它體現的是對自身聲譽與氣節的維護，也關乎個人的素質與修養，還涉及社交關係的持續性搭建，對每個人而言都非常重要。

一般來說，應對別人的出言刁難，有以下幾種方法可以參考：

一、視而不見法

顧名思義，就是當作沒事發生一樣，可以視刁難如浮雲。這適用於你遇到所謂刁難較小，而且對方實屬無心，只是由於個性、語境等原因促成的情況。這種情況你就完全可以視而不見，微微一笑便罷。如若不然，就顯得太小家子氣了，不是嗎？

二、轉移話題法

在很多場合，無論遇到什麼情況，包括刁難，如果無法及時應對，就可以使用這個辦法。將話題引向其他地方（從你家我家，轉回一個人主持），環顧左右而言他，轉移大家的注意力，避免讓自己陷入窘境。這樣雖然被動，但最起碼不至於下不了臺，也算不幸中的萬幸了。

三、旁敲側擊法

大多數情況下，要是真想回擊別人的刁難，就不要輕易正面硬碰硬；針尖對麥芒的結果很容易兩敗俱傷，因此就需要從側面來入手，悄無聲息的扭轉局面，讓對方知道你並非他想像的那麼窩囊（跟在我家一樣）。正所謂「隨風潛入夜，潤物細無聲」。

四、自我解嘲法

如果你與對方之間的確實力懸殊，比如你笨嘴拙舌，而他偏偏巧舌如簧，那麼最好不要以卵擊石，可以順著對方的意思自我解嘲，以達到退避三舍的效果。這樣既可以展現自己的大度，也能避免屢戰屢敗，甚至一敗塗地。重要的是，自我解嘲本身也會讓對方意識到他的不對之處，實際上也達到應對的目的。

五、綿裡藏針法

當無法避免的惡意刁難襲來時，你不用逃避，不用躲藏，完全可以正面迎敵。但考慮到社交需求，還是要儘量用柔和的外衣包裹住你的強硬態度，將對方給你造成的傷害減至最小，也讓對方體會到刁難別人是一種不正確的社交行為（沒見過馬騎人）。

其實，在五花八門的社交場合，什麼情況都可能遇到。應對刁難的方法有很多種，而且大多數時候都需要多種方法混合使用，才能解決在社交上的難題。不過，無論方法軟硬，目的都只是維護好人與人之間的社交關係，增進社會的和諧，為大家營造輕鬆而溫馨的社交環境，並非一定要把自己塑造成異常強硬、打遍天下無敵手的江湖高手。否則，那你就真的只能「獨孤求敗」了。

2—說話得體的正確示範

當記者問黃渤是否會取代了前輩葛優，他這樣答：「我們只是繼續前行的一些晚輩，對這個不敢造次。」

在生活中，你有沒有遇到過特別不會說話的人？我敢肯定，你遇到過。實際上，每個人的周圍都存在著說話不注意場合、不注意受眾、不注意分寸的人。他們要麼很少意識到說話是一門藝術，並不認為這種「小事」大多數時候關係重大；要麼即便意識到了，也會因為自身對說話技巧和分寸的把握能力有限，從而影響溝通的效果。

只有得體的話語，才能更加突顯你的人格魅力。作為一個在別人看來長相極其一般的演員，黃渤為什麼能從眾多顏值爆表的帥男靚女中脫穎而出，擁有大量的鐵粉？除了很棒的演技之外，我們不得不說，他在公眾場合憑藉機智的應變能力，運用得體的話語，和諧的與人們互動交流的溝通技巧，的確為他的個人魅力增色頗多。

二〇一四年九月，由黃渤、徐崢、袁泉等人主演的《心花路放》大受觀眾歡迎，不但口碑不錯，而且成為中國國慶檔最賣座的電影。十月九日，導演寧浩帶著強大的明星陣容，在北京舉辦了一場豪華璀璨的慶功宴。當然，雖然名為慶功宴，但其實也是繼續宣傳電影的一次盛大活動，不少媒體受邀到場，現場氣氛非常活躍。黃渤作為人氣爆棚的團隊成員之一，自然成為鏡頭裡最受人關注的明星。

不過，首先向他發難的不是媒體記者，而是在《心花路放》中的搭檔徐崢。徐崢因為繁忙而沒有到場，特意向現場發來VCR，隔空和製作團隊共同慶祝。臺上臺下歡快異常，徐崢興奮的挑逗黃渤：「如果電影（票房）破十億（按：本書幣值若無特別標注，皆為人民幣，人民幣一元約新臺幣四．五元），就**讓黃渤發裸照**。」頓時，全場哄堂大笑。如此場合，都是娛樂人士，大家互相調侃逗趣，才能一次次將氣氛推至高潮。

黃渤看完徐崢的影片後，也毫不示弱：「我的裸照有什麼好晒的……這樣吧，真的要是過十億了，十瓶啤酒。」旁邊的寧浩趕緊跟著推波助瀾：「怎麼樣？放到一個桶裡面一口乾？」黃渤一臉真誠的說：「我吹一瓶，剩下九瓶從徐崢的光頭上澆下去，你覺得怎麼樣？」沒來的徐崢固然不知道自己被黃渤反將了一軍，但是現場媒體卻已經被黃渤逗得前仰後合。

電影的慶功宴，無論內容多麼豐富，形式上必然是越歡快越好，黃渤在迴避了徐崢挑起的「裸照」話題後，立刻轉到了「拚酒」上來，而且把徐崢形象中最大的特點恰如其分的裝進話題裡；這同樣是娛樂不可缺少的內容，對現場氛圍一丁點都沒造成破壞，說得非常到位貼切。隨後，便很快進入了與媒體互動的高峰階段。

一直以來，黃渤參演的電影風格、塑造的人物形象，以及他一貫機智幽默的個性，為他在娛樂界贏得了「新喜劇第一人」的稱號，還總被人們說成是「扛過了葛優的大旗」。對於出道和成名時間都比葛優晚得多的黃渤來說，這實際上是一個很高的評價，可又在無意中有抹殺黃渤個人特色的嫌疑，所以這也是個令人糾結的評價。

可是，偏偏就有記者在此時針對這個話題，問黃渤怎麼看待**「是否會取代葛優」**的說法。大多時候，要是逕自回答問題其實很容易，但人畢竟是群體動物，生來就具備了社交的基本特質，而且「禍從口出」的實例每天都在上演，所以說話是否得體至關重要，尤其是公眾人物。

黃渤被問到的這個問題，回答起來確實很難。如果承認和肯定的意思過於明顯，就會給人留下傲嬌（按：流行語，指態度高傲但有時會突然害羞）甚至輕狂的印象；可如果反對和否定的意思過於明顯，又會讓媒體覺得他太矯情，有些不懷好意的媒體人還有可能給他貼上「虛偽」的標籤。另外，過於謙讓的回答，也會對自己該有的公眾地位造成損傷，並非得體之詞。所以，在眾目睽睽之下，面對這個沒有惡意卻稍顯刁鑽的提問，只有回答得分毫不差，才會皆大歡喜。「增之一分則長，減之一分則短」，就是這麼微妙。

可你知道黃渤是怎麼回答的嗎？他幾乎沒怎麼考慮，就開口應道：「……這個時代不會阻止你自己閃耀，但你也覆蓋不了任何人的光輝，因為人家曾是開天闢地創時代的電影人。在中國電影那樣的時候，人家付出自己的努力，把中國的電影市場開拓到一定地步，以及在之前那麼不好的市場情況下，做出了那麼多的創舉，這需要能力、魄力、勇氣、智慧等等。我們只是繼續前行的一些晚輩，對這個不敢造次。」

這些語句，黃渤娓娓道來，得體得令人稱讚，當時就有記者不由自主的說：「回答得簡直太帥了。」的確，黃渤並**沒有否定自己**目前在電影界是「閃耀」的，他**也絲毫沒有恃才傲物**，誇大自己的分量，卻有意無意的將不同時代、不同演員的作用都評點得很清楚，顯得不卑不亢，也一點都不矯情；同時他對葛優等前輩演員，又做出了恰當的評價，謙虛有禮，給人的感覺非常真誠，人格魅力呼之欲出。我相信，當葛優本人聽到黃渤如此得體的回答時，都可能會抑制不住內心的佩服。

有人對語言是否得體不太注重，覺得只要自己說得心裡舒爽，就沒什麼問題，還不是照樣過自己的生活。其實不然，許多人就因為說話沒有分寸，不考慮場合，從而為自己招來不必要的麻煩。在中國的古代典籍中，就記載了很多這樣的事例。

春秋戰國時期，魏國君主魏文侯派兵拿下中山後，把它賜給了自己的兒子，可是又覺得這樣做不合禮數，應該先給弟弟才對，於是他懷著忐忑的心試探群臣：「寡人到底是個什麼樣的國君呢？」大多數人唯唯諾諾，稱讚魏文侯是個仁君，唯有一個叫任座的大臣沒有隨聲附和，而是直言不諱的說：「你取得中山後，本來應該封給你弟弟，卻錯誤的賜給兒子，這怎麼能叫仁君呢？」魏文侯一聽，馬上面露不悅。

誠然，實話實說並不是不好，但在大庭廣眾之下，諫言如此鋒芒畢露，絕對不合時宜，特別是遇到了一個不怎麼賢明的主子。實際上，任座在事後不久也意識到危險的存在，於是便趕緊悄悄的逃出宮。

故事還沒完。後來魏文侯又拿同樣的問題，問一個叫翟璜的人。翟璜特別注意說話場合和分寸，他首先回答「您當然是仁君」，然後解釋說：「只有君王仁德，臣下才敢直言不諱，任座之所以敢那樣說話，就因為您是仁君啊。」此時魏文侯自己倒不好意思了。他後來下令找回了任座，還奉其為上賓，同時也為了保持「仁君」的形象，默默糾正了之前的很多錯誤。

你看，同樣的場合，面對同一群人，只因說話得體與否，所帶來的結果就截然不同。聖人孔子也說過：「言未及之而言，謂之躁；言及之而不言，謂之隱；未見顏色而言，謂之瞽。」意思是：**說不該說的話，那叫毛毛躁躁；該說時不說，那叫隱瞞；沒有看清楚場合就說話，那叫睜眼瞎啊**。說到底，孔子提到的這幾點，不都是說話不得體的表現嗎？

回到記者問黃渤答的場景中，如果他由著性子大放厥詞，沒有得體的言論，就不光會失掉自己的人格魅力，還會得罪很多同行前輩，讓自己的路越走越窄。這就是說話得體能突顯人格魅力的道理。

3——話題被別人打斷，怎麼拉回來？

五十億影帝黃渤和演員孫紅雷這樣打嘴仗。

一千八百多年前，一個年輕人從湖北武漢來到江西九江，目的是要說服駐守在這裡的掌權者，雙方聯合起來抗擊北方強大的敵人。沒想到，他遇上了一群頑固而惜命的老文人，他們力主放棄抵抗，向北方投降，先保住現有的一點根基和血脈要緊。於是，一場驚豔歷史的辯論賽拉開了序幕。這個人單槍匹馬的來到其他地方，可就不是自己的地盤了，滿堂滿屋高座的都是名望赫赫、學富五車的元老，他們團結一心，炮製出十分不利又固若金湯的環境與氛圍，要想說服他們來個一百八十度大轉彎，其中的難度可想而知。意志、信念和口才中的任何一項若稍有鬆動，都會受到對方影響，搞不好還會被對方給說服，成為對方的傳聲筒。

但是，後來的事實證明，這位年輕人並沒有受到當時環境和氛圍的影響，而是在風暴中心保持頭腦清醒，用最富說服力的談吐表達，成功完成了使命。

這便是諸葛亮從江夏來到柴桑郡舌戰群儒的故事。如今，這個故事早已婦孺皆知。研究者在分析諸葛亮說話的藝術時，大都把注意力集中在他對辯論技巧的掌握和言辭本身上，很少有人重視他在當時環境和氛圍所施加的巨大壓力下，思維不受擺布，能夠保持清醒談吐的重要素質。

在現實生活中，當一個人置身於一定的環境和氛圍時，由於各種原因而不能堅持自己的原則，從而隨波逐流，這樣的事例屢見不鮮。所以，一旦你**處於話語風暴的中心，如何保持住清醒的談吐**，也是非常重要的說話之道。

二〇一五年九月底，黃渤和演員孫紅雷等人共同在上海參加了一場活動。活動現場，幾位向來以逗樂聞名的娛樂圈明星，依然沒有浪費互相打趣的機會。主辦方在現場安排了幾位小朋友，分別贈送黃渤和孫紅雷一件很別致的禮物——由小朋友親自為他們畫的肖像。首先，一位小女孩向孫紅雷送上她的作品，畫中的孫紅雷穿著一件藍色袖子的綠翻領禮服，打了一個紅豔豔的領結，腦袋偏向一側，五官畫得比較模糊，還戴著一副墨鏡。整體看起來，確實帶有點孫紅雷的帥氣氣質。

當孫紅雷把畫像接過手後，黃渤故意問小朋友：「我問你一下，紅雷哥哥鼻子那麼大，為什麼你沒有給他畫鼻子，要給他畫一副墨鏡呢？」此時，現場已經有人開始忍不住發笑，大家都心知肚明，黃渤這是要拿孫紅雷的小眼睛尋開心了。果然，還沒等小朋友回答，黃渤馬上笑嘻嘻的接道：「是眼睛太小，不好畫，是吧？」這時，臺下臺上，包括孫紅雷本人，都已經爆笑了起來。

不過，搞怪能力毫不遜色的孫紅雷可不是好惹的，當另一位小朋友把送給黃渤的畫像拿出來後，全場一下子笑翻了。黃渤的畫像看起來比孫紅雷的還要「慘」，居然有一隻眼睛嚴重偏離位置，被畫到了眉間，而且只是一個小黑點，與另一隻正常處在眉毛下方的眼睛相比，完全沒有和諧可言。畫像臉上同樣沒有鼻子，嘴巴也只是一塊白得發亮的顏色，整體看起來滑稽而壞萌（按：個性不好卻模樣可愛）。孫紅雷趕緊反擊道：「孩子啊，你是我派來害他的嗎？你是不是我的臥底啊？」此時，活動現場聚集的人越來越多，氣氛比之前熱鬧不少，孫紅雷說出這句話後，現場更是因笑聲而沸騰起來。可惜的是，因為時間關係，主持人只好打斷黃渤與孫紅雷的鬥嘴，將現場讓給了後續環節。觀眾顯然還沒看夠兩位偶像的「博奕」，心存不甘，每個人臉上都表現出一副意猶未盡的樣子。

活動還在按程序繼續進行，人們在不斷湧現的高潮氣氛影響下，注意力也就逐漸從孫黃二人「打嘴仗」的場景中跳了出來。

沒多久，到了媒體採訪的時候，有記者問黃渤，最近有哪些好戲在拍。黃渤說，最近的確有一部戲向他發出了邀請，他只提了一點要求。「我就問了一下，這個戲裡有沒有孫紅雷，對方說沒有，我說接了。」記者立刻意會過來，黃渤這是接著與孫紅雷在臺上開玩笑的事情，繼續打趣孫紅雷呢。大家瞬間大笑起來，就好像黃渤與孫紅雷一直在臺上嬉鬧，從來都沒有脫離人們的視線一樣。

確實，誰都沒有想到，黃渤竟然沒有受到現場氣氛和活動內容影響，在接受採訪時，還能把自己要回答的問題，與之前被活動環節打斷的場景很自然的聯繫起來。可見，身經百戰的黃渤在公開場合的自我掌控能力很強，也能比較透澈的把握現場觀眾的關注點。他並沒有因為觀眾的興趣點已經被環境打斷，自己就跟著澈底捨棄。他雖然在整個活動現場一路搞怪，可實際上腦袋一直裝著觀眾的興趣點，並再次抓住合適的機會拋了出來。當然，黃渤也知道怎樣用一個公眾人物的話語，重燃在場所有觀眾的高亢情緒，這才是「獨樂樂不如眾樂樂」的道理啊！

無論在什麼樣的環境中，黃渤都懂得讓自己不受太大干擾，並且清晰把握自己的思維和話語，他對場面既有絕佳的掌控力，又體現作為一個公眾人物所擁有的機智幽默又冷靜客觀的話語特色。下面的例子，更能體現這一點。

電影《心花路放》在中國國慶檔上映後，一路順風順水，獲得非常不俗的成績，到十月中旬，票房已經突破十億大關。作為製作團隊的一員，黃渤在接受媒體記者採訪時，總免不了被問及電影票房的事。而他個人也因為一直以來的勤勞、超高人氣以及累積的票房紀錄，順利晉升為「五十億影帝」。無論怎麼說，票房高就是電影好看的體現，說明觀眾愛看，對製作團隊來說，這是大家共同的最大喜事。但是，黃渤對此有著最為清醒的認識。

前不久，東方衛視《娛樂星天地》採訪黃渤時，他這樣說道：「所有數字帶給我們興奮感、愉悅感，這都沒有什麼壞處，但我覺得還是要清醒。」黃渤的這句回答，不單說明他自己對電影票房帶來的影響保持著清醒的態度和認識，而且，能平靜的對著公眾媒體說出這些話，本身就表現出他並沒有受《心花路放》的高票房，以及「五十億影帝」的成就而連帶發生的娛樂話題風暴所影響。恰恰相反，位於這個風暴中心，黃渤的頭腦和談吐都非常清醒；很多人在遇到這種情況時，很難不受暫時的成績和輿論風暴影響，從而變得認不清自己，有時甚至會迷失了自己，變得不可一世，更別說能在社交中保持清醒的談吐了。所以，如果你在這方面有所欠缺，就應該多學學人人喜愛的黃渤，無論他的為人處世還是說話之道。

明星們闖蕩娛樂圈，當獲得巨大成就時，既會迎來別人豔羨的目光，也會遭遇各種不利的說詞。此時正當紅的黃渤，需要直接和間接面對的有很多，雖然比不上諸葛亮舌戰群儒時的直接與激烈，但他所處的行業本身就暗流湧動，依然需要自己去清醒應對，這是娛樂圈裡最正常的現象，誰也無法迴避。幸好，黃渤做得很好。

網路上流行一句話：「站在風口上，豬也能飛起來。」它深刻總結了環境和氛圍帶給人的巨大影響力。如果這個影響是好的，那麼誰都願意在風中飛，可現實中的很多「大風」都不怎麼友善，這就需要我們這些以語言作為最重要交流工具與手段的高等動物，積極向說話水準高超的人學習。不管幾級大風從身旁吹過，都要堅守住該堅守的，保持住最基本的清醒談吐。

4——正話要反說，反話要正說

「明星都會為了電影海報排名而糾結，但你好像不是很在乎？」
「誰說的？我會和他們拚命的。」

《紅樓夢》是人人熟知的經典名著，多少年以來，書中包羅萬象的內容吸引著無數人研究，從而形成了獨特的學術門類，即「紅學」。在諸多紅學研究派別當中，有人專門鑽研書中人物的說話技巧，「正話反說」與「反話正說」便是其中主要的技巧之一，而精於此道的最重要人物，則是王熙鳳。

比如在第四十六回，荒淫無道的榮國公嫡孫賈赦想娶賈母的貼身丫鬟鴛鴦為妾，這讓賈母非常生氣，連帶怪罪了很多人，連本與此事毫無關聯的王夫人都被錯怪，幸虧有機敏的探春及時提醒賈母，才讓她回過神來。隨後，賈母與王熙鳳之間就有了這樣的對話：

……賈母又笑道：「鳳姐兒也不提我。」鳳姐兒笑道：「我倒不派老太太的不是，老太太倒尋上我了？」……「誰教老太太會調理人，調理的水蔥兒似的，怎麼怨得人要？我幸虧是孫子媳婦，若是孫子，我早要了，還等到這會子呢。」賈母笑道：「這倒是我的不是了？」鳳姐兒笑道：「自然是老太太的不是了。」

當王熙鳳說完這番話後，當時就笑翻了全場。請注意，從表面上來看，王熙鳳是在「怪罪」賈母的「不是」，但隱含的意思卻很明顯，是轉個彎在恭維賈母會調教人。也就是說，她用正話反說的方式，把本來還在尷尬狀態而沒有完全緩和的場面，一下子給扭轉過來，使氣氛變得非常融洽，特別是再次博得了賈母的歡心，完全達到她說這番話的目的。

舉這個典型的例子，並不是慫恿人們學習王熙鳳的恭維手段；恰好相反，我們要以此為鑑，在人生道路上真誠做人，率真行事。拿王熙鳳為例，僅僅是想比較具體的說明正話反說在有些時候和場合所特有的重要性。而且，將正話反說用到合適的地方，不僅可以藉機表達出自己想說的意思，往往還能創造出其不意的幽默效果。

二〇一五年八月，《澎湃新聞》記者在專訪黃渤時，提了一個問題：「明星都會為了（電影）海報排名很糾結，包括走紅毯是不是壓軸，我發現你好像不太在意這些？」這位記者的意思，是想點出黃渤不太熱衷虛名的優點。人們遇到類似提問，大多數可能都會自然而然的隨聲附和，無非是謙虛幾句，「羞澀」承認對方對自己的口頭表揚，可黃渤一開口就出乎人們意料：「誰說的？我會和他們拚命的。」

顯然，機靈的黃渤是「反說」了一句「正話」，他當然不會為海報位置或走紅地毯的順序跟別人拚命，可他要是直接順著記者的提問，說自己的確不注重這些虛名，**無論說得多麼誠懇，都會讓聽眾和讀者產生「回答比較虛偽」的感覺**。況且，大多數人再怎麼超凡脫俗，都難逃「名利」二字。對一個從事演員職業的人而言，需要人們的關注目光，是最合理的事情，他們在海報前或現場亮相時，位置和排名很可能關係到自己在影片和觀眾心目中的重要程度。也就是說，這樣所謂的「虛名」，是一些特定職業的有效構成部分，不可或缺。而黃渤**正話反說**的回答，既體現他非常幽默的說話風格，也**不會讓人感覺虛偽**，還瞬間拉近了與聽眾和讀者之間的距離，給人一種隔壁老大哥的親切感；同時他也道出了想表達的意思，一點都沒有掩飾，這份機智與率真，在公眾人物身上尤其難能可貴。

更難得的是，黃渤繼續說了這麼一段話：「……其實也沒有，實際上有的時候，工作人員為他們的工作服務，有一些要求也都可以理解。但我們從根本上來說，你要每時每刻都站在最高處，首先觀眾得認可你。認清自己很關鍵，即便你把姜文、陳道明放在最不起眼的位置，但在觀眾心目中，他們依然是最醒目的。所以，別人心裡建立起來的那個東西才是最重要的。」

這番話說得貼切到位，還具有一定的哲理性，他緊跟著前面已經表達完的意思，又把記者所提到的情況深刻的解析一番，道出明星所應具備最重要的素質：**在別人心裡建立起來的東西**。實際上，這一點不僅是公眾人物最重要的，更是所有人都該培養的內在素質。的確，有時僅僅靠正話反說，也不一定能夠讓聽眾徹底明白你想表達的意思，或也只是停留在表面意思上，所以就需要進一步的闡述，正如黃渤這樣。他在正話反說之後，將話題推至更深的層次，可不是王熙鳳說話技巧中夾帶的那點粗鄙心思所能相比的。因此，當黃渤說完後，《澎湃新聞》的記者都由衷讚嘆：「難怪大家都說你智商、情商、財商都很高。」

二〇一四年九月，《澎湃新聞》也專訪過黃渤一次。過程中，記者問起黃渤拍《親愛的》這部電影時，有沒有被導演陳可辛「折磨」。黃渤回答說：「他在現場比較溫和，其實他被我折磨得不輕。很多時候他覺得夠了，可以了，我覺得還可以再來一下、再來一下。他在香港導演裡，算是比較文藝的導演。他對內地文化的了解也比較深。我說的文化不在於風俗人情，而是現實社會狀態下出現的矛盾衝突，他會有自己的一些理解。」

這也是個正話反說的極好實例。不同之處在於，在前一個例子，是針對別人而說，而後一個例子則是針對自己來說。無論如何，都是在「反說」，表達的都是「正話」，既說出了該說的意思，也活躍了說話氣氛，更起到絕佳的效果，是一舉多得的說話之道。

與「正話反說」有異曲同工之妙的是「反話正說」。如果運用恰當，同樣是人際交往中了不起的藝術；但如果不懷好意的運用，自然也會引發令人不敢恭維的後果。我們還是先來看看《紅樓夢》中的例子。

在第十一回中，賈瑞對王熙鳳起了淫心，惹得她心生「這畜生合該作死」的想法，於是在第十二回中，二人之間有如下一段對話：

賈瑞道：「……只因素日聞得人說，嫂子是個利害人，在你跟前一點也錯不得，所以唬住了我。如今見嫂子最是個有說有笑極疼人的，我怎麼不來，死了也願意！」鳳姐笑道：「果然你是個明白人，比賈蓉兩個強遠了。看他那樣清秀，只當他們心裡明白，誰知竟是兩個糊塗蟲，一點不知人心。」

後來的情節我們都很清楚，王熙鳳一連串的設計，最終害死了賈瑞。

面對面交談時，王熙鳳臉上一堆和善的笑容，還誇賈瑞「是個明白人」，其實心裡早已殺心四起，她的這招反話正說（拒絕對方卻聽起來像不反對）確實讓賈瑞越發癲狂，也為後來的喪命鋪墊。這就是對「反話正說」不懷好意的技巧使用範例。

再看一例。春秋時期，楚國國君莊王的一匹馬死了，他非常傷心，居然還下令按照大夫的禮節厚葬。從感情方面講，只要有錢有權，想幹什麼事都沒問題，也沒人敢阻攔。但從理性角度來看，拿一匹馬當朝廷的高級人才對待，無論如何都不合規矩。可莊王偏偏聽不進諫言，還下令說誰如果再勸他，會被處以極刑，嚇得眾位大臣再也不敢多言。唯有一位叫優孟的人，最終讓楚莊王改變了主意。優孟在勸諫時，所用的方法正是反話正說（反對的話聽似贊成），大意是：「怎麼能用大夫之禮呢？應該用美玉為這匹馬雕副棺材，讓其他諸侯國的使節都來哀悼，以最高禮儀祭祀寶馬才對啊，這樣其他諸侯聽到後，就會知道在大王心目中，人有多卑賤而馬有多尊貴了呀。」楚莊王這才恍然大悟，趕緊命人將馬烹了，並供大家享用。

我們可以看出，優孟在楚莊王以死刑恐嚇群臣時，並沒有冒死直言，而是順著他的心思來表達相反的意思，最終達到讓楚莊王明白事理的目的，在此的「反話正說」用得巧妙無比。與王熙鳳的惡毒相比，這才是該有的說話之道。

二〇一五年九月二十九日，「百度貼吧粉絲節」在北京工人體育館舉行，包括黃渤在內的諸多明星都參加了晚會盛典，黃渤甚至還獲得「最強鋒芒力量獎」。他在現場表示，是眾多粉絲給了他很大的自信，現場粉絲們頓時衝著他大喊：「黃渤帥！」在後面與媒體互動時，他就像個優秀的相聲演員，隨口就能撿起之前出現過的場景，融入到自己的表達中：「**大家都一直在誇你帥，慢慢自己也就相信這事兒了，哈哈。**」一席話把現場的年輕記者們逗得捧腹大笑。黃渤當然知道，自己的顏值與眾多英俊清亮的帥哥們相比，差了一大截，無論粉絲們多麼捧他，他都不可能得意忘形。而在與媒體互動時之所以反話正說，一方面是出於自己一貫的調皮風格，另一方面也配合了粉絲們之前的熱烈捧場，製造了出其不意的互動效果，而他也確實因為這樣的交流，顯現出他內在的那份帥氣。

我們在日常交往中，往往會因為不知道該怎樣回應別人的問題、不懂得怎樣呼應別人的話題，感覺自己笨嘴拙舌。你心裡總是在顧慮，要是直接應對，會讓別人感覺你很傻，可能還會給別人造成尷尬和不快；要是裝作沒聽懂而不開口，又容易冷場，該怎麼辦呢？此時你可以結合自己的內心想法，「正話反說」或「反話正說」。當對方所說的與你所想的契合，而你直接附和又似乎不太恰當，那麼就可以把「正話」反過來說出去，其樂融融；反之，當對方所說的並非你所想的，而你要是直接反駁必定不成體統，那麼就可以順著對方說「反話」，皆大歡喜。

說到底，這兩種說話技巧本質一樣，在形式上完全轉換說話的角度，卻在內容上表達恰好相反的意思，沒有違背自己的真實想法。同時，也從對方的角度考慮，還創造了融洽的談話氛圍，對大家都有益，何樂而不為呢？

5——關於祝福的話，你還是那幾句老梗嗎？該換換了

當好友結婚，除了說白頭偕老、百年好合、早生貴子，你還用過哪些與眾不同的祝福語呢？

在人的一生中，會遇到無數個好日子，要麼與自己有關，要麼與親朋好友有關。我們中華民族是禮儀之邦，中國人最講究禮尚往來，所以當我們的好日子來臨時，互相之間熱情走動，是最普遍的現象。可是，你有沒有「痛苦」過呢？

痛苦？好日子怎麼會痛苦？開玩笑的吧？

非也。

很多人經常在收到別人發來的請柬時，或多或少會有一絲惆悵。別誤解，這裡說的不是因為掏紅包而惆悵；當然也有這樣的時候，有誰不喜歡收紅包卻喜歡掏紅包呢？這裡說的令人惆悵之事與紅包一點關係也沒有，而是與祝福有關。

事情往往是這樣，當見慣了太多大同小異的祝福後，總想著要來點與眾不同的內容，既能夠完全表達出自己的祝福，還能夠讓對方眼前一亮，深記心底，讓送祝福的人也顯得加倍有面子。可是，要想說點別開生面的祝福語，哪裡有那麼簡單，這可是屬於思維創新的範疇，含金量高著呢！於是，你只好跟著大家說出一句句早被聽得耳朵起繭、被你說得嘴巴起泡的俗套話。比如，當你的好朋友結婚時，除了「白頭偕老」、「百年好合」和「早生貴子」外，你到底還見過多少與眾不同的祝福語呢？還真沒多少。

這就是我所說的，遇到好日子居然會令人痛苦的意思。所以，在喜慶的場合，如何獨闢蹊徑，讓自己的祝福語有別於他人，顯得閃閃發亮，是很值得我們琢磨和學習的東西。

二〇一五年九月，黃渤就遇到了一次這樣的事情──大概很少有人不知道吧？著名演員黃曉明與Angelababy（楊穎）結婚了。我敢打賭，作為黃曉明夫婦的好友，黃渤一定比絕大多數人都懂得，如何獻上自己的祝福，才會更顯別致。

九月二十三日，在一場明星慈善夜活動上，媒體記者就開始從黃曉明的好友口中套消息了。記者們很想提前知道，黃渤到底為黃曉明兩口子準備了什麼結婚禮物。黃渤這樣回答：「這個東西不好想，人家什麼都有了，你說你給什麼，送上一句祝福暖心的話就可以了。」剛一說完，麥克風叢中就有記者問：「沒紅包啊？」黃渤馬上邊思索邊接道：「**紅包？我不知道他現場會不會發。**」

黃渤的機智歷來為人們所稱道，這次也不例外。面對記者的問題，他既不能回答沒有，因為這是不可能的，自己的好友結婚，怎麼會沒紅包呢？但是他也不能直接說有，因為一旦說出口，就可能會被問到紅包數目等其他比較隱私的問題，而那些並不適宜公開回答。所以，黃渤機智的將回答角度一轉，巧妙應答了問題，記者也就不好再進行追問。

只是，這個話題並沒有到此打住。時隔一週後，黃渤參加「百度貼吧粉絲節」時，又被問到與黃曉明婚禮有關的話題。

在互動現場，黃渤語出驚人：「我已經跟他們（黃曉明夫婦）商量好了，無論生兒生女，我都要簽約，而且從生下來就開始發工資，第一年每個月發一百塊，第二年兩歲的時候每個月發兩百塊，一直到未來他可以拍戲的時候，再掙回來，哈哈。」怎麼樣？這幾句話實際上就是黃渤對黃曉明夫婦早生貴子的祝福。然而，是不是**比你直接喊出「早生貴子」來得更別致，也更有意義呢**？

無論黃渤是在開玩笑，還是確有其事，我們都能從他的「長遠規劃」中，看出他不僅對黃曉明夫婦，也對未來那位還不知性別的孩子，給予了長遠祝福。最後，黃渤還一如既往，不忘開上一句令聽眾倍感親切的玩笑：現在發工資並不是白發，未來還要讓孩子給他賺回來呢。一下子也能讓人感覺到，二黃之間的關係的確很好，如若不然，如此「另類」的表達，就多少有點不太合適了。

因此，獨闢蹊徑的祝福固然能為話語增色，但也不是隨便就可以發揮主觀能動性（按：意指獨立行動，做出自由的選擇）來獨創的，唯有友誼親密到一定程度，否則就會弄巧成拙。不管如何祝福別人，掌握方式和分寸都同等重要。

一般而言，你要想別開生面的對親朋好友獻上最美的祝福，就需要掌握以下幾個重點或原則：

一、真誠是基礎

人與人交往，一定要把真誠當作最重要的基礎，英國文學家喬叟（Chaucer）說過：「真誠才是人生最高的美德。」你與別人交往時，如果不堅守住一顆真誠的心，一定不會得到長久的感情和友誼。在向別人表達祝福時，真誠尤其重要。從一定程度上說，**你的社交能力到底可以提升到何種程度，主要取決於你對交往的對方有多真誠**，這是取得社交成效的最基本條件。法國作家左拉（Zola）也有句名言：「真誠是通向榮譽之路。」表達的也正是這個意思。試想一下，在別人該收到祝福的時刻，你的心裡卻全是憎惡之情，還不得不礙於情面，違心的說幾句簡直可以忽略的話，這不僅是對別人的不敬，也是一件令自己不愉快的事。沒有真誠為基礎的祝福語，不如不說。

二、舒心是目的

當向別人送上一句祝福，比如「壽比南山」，難道對方就真的能夠活到與南山同壽嗎？當然不能。人們之所以在明知很多祝福無法實現的情況下，仍然要真誠的互相祝福，主要目的就是讓對方心裡舒服，從而觸發一系列健康的連鎖反應。比如對方聽到很多祝福後心情變得非常愉悅，他就會以同樣讓人愉悅的方式去對待別人，或者把這種愉悅傳遞給其他人。有時在商場上，發自肺腑的一句祝福語，就會讓合作夥伴心裡舒坦，對方對你的印象也會更好，說不定還能推動彼此之間的合作，實現雙贏。可見人們之間的祝福，很多情況下看上去很虛空，卻自有它獨特的意義。

三、親疏度是前提

正如之前提到過的，若想用別致的方式來表達祝福，還得根據與對方之間的關係親疏度來把握。若你們之間關係很好，你大可以絞盡腦汁的創新，無論是何種祝福方式，都必定是發自肺腑的感情，必定會達到令人愉悅而舒心的目的。可如果你與對方之間的關係一般，或僅僅是**泛泛之交，就無須特意用多麼有別於常人的方式來表達祝福；你本身就只是對方眼中的「常人」，一旦掌握不好分寸，讓場面複雜反而不好**。所以，在祝福普通朋友時，用普通的話語，效果可能也很普通，但這份普通在你們雙方之間恰好最合適。

四、個性化是法寶

每個人都有自己的性格和個性，這也決定了各人在為人處世當中的特點，選擇適合自己特點的方式去祝福別人，才是真正屬於自己的法寶。比如，你如果像黃渤一樣，性格開朗、幽默風趣、能說會道，就可以多玩些花樣，為社交場合錦上添花；你如果性格比較內向、不善言辭，便可以選擇稍微傳統一點的方式，只要你以真誠為基礎，就不怕自己的祝福讓別人不舒心。反之，若這兩種性格的人對調祝福方式，也沒什麼不可以，但有時就會失去讓自己表現得更好的機會。

只要本著以上四點，你一定會在一切好日子裡，如魚得水的向朋友送上祝福。另外，這四點原則也基本適合其他的社交場合。之所以在此時梳理重點出來，正是要特意說明，我們在祝福別人時，非常需要注重這些最基本的原則；**你內心希望別人好，就要在外部表現上也澈底做到為別人著想。**

6——沉默比言不由衷，更有益於社交

有人笑黃渤很土，是草根演員，
沒想到他只回：「就算是草根，我也是冬蟲夏草。」

黃渤在圈內是出了名的好脾氣，他在電影學院的同學王譯唯曾經在二〇一二年的一期《魯豫有約》中提到過：「黃渤脾氣特別好，就我認識他，從二〇〇一年到現在，有十年了吧，我沒見他發過脾氣，從來沒有。」

在這個浮躁的社會裡，能夠長年好脾氣的人確實不多。黃渤在考入電影學院之前，已經有過一段時間的社會工作經歷。上了大學後，他在班上算年齡比較大的學生，或許是老師覺得他相對穩重，因此指定他做一班之長，而王譯唯則是副班長。兩位「領導」為班級共事，接觸多了難免發生分歧，生性豪爽的王譯唯便總會「教訓」黃渤。但是，正如王譯唯所說，黃渤從來沒有發過脾氣。

如此好性格的一個人，從電影學院畢業後，一步步打拚出專屬於自己的一片演藝天地。

跟做學生時一樣，做了演員後的黃渤，依然是脾氣好到令人稱讚。不過，**脾氣好並不等於對一切都逆來順受，也並不是從來都不懂得反駁**。脾氣是性格和修養的體現，而「反駁」和「如何反駁」更多則與情商和智商有關。從黃渤在社交中的表現，我們可以清晰的看到，與他的好脾氣相比，那些頗為精彩的**「反駁」之道，才是他身上更大的亮點**。

也許大多數人還記得，在央視二〇一四年春節聯歡晚會上，黃渤穿著一襲藍色連體衣亮相，演唱了一首〈我的要求不算高〉，技驚四座。黃渤本來就是唱歌跳舞出身，在高中時期，就曾在老家青島的歌舞廳駐唱，後來還在廣州一家唱片公司服務過，也參加過不少歌唱比賽。只是那時並沒有後來那麼多豐富驚豔的綜藝節目，要不然的話，也許黃渤也會透過唱歌這種方式，走出一條成名之路來。黃渤還與幾位朋友一起，成立過一個名為「藍色風沙」的組合。正因為有過唱歌的經歷，而且本身唱功也很好，所以黃渤曾在很多節目中展露過歌喉，央視的春晚只是其中最大的舞臺，因為它讓全世界華人一同見識了黃渤的多才多藝。

只是沒想到，春晚之後，黃渤的那身連體服卻成了很多網友吐槽的對象。有眼尖的觀眾認出，那身衣服出自國際名牌愛馬仕，還調侃說：「黃渤把愛馬仕穿出了水管工人的味道。」愛馬仕向來是高級、優雅、尊貴的象徵，喜好熱鬧的網友把它與黃渤身上的服裝連結起來，並且與水管工人的工作服相比較，的確平添了濃厚的滑稽色彩，一時成為網路上頗為流傳的段子。

面對如此情形，黃渤澄清道，這是國內設計師為春晚演出製作的服裝，同時也「反駁」調侃者說：**「如果大家看出來是愛馬仕，說明我把工服穿出了愛馬仕的味道。」**調皮的網友們本想調侃黃渤很「土氣」，連高級大氣上檔次的奢華服裝到他身上，都變得像工作服一樣；可黃渤同樣藉著愛馬仕話題，透過輕輕鬆鬆一句話，就把意思完全扭轉了過來，倒顯得好像是很土氣的服裝經過自己一穿，馬上就變得時尚了。黃渤並沒有長篇大論的去辯駁，更沒有「反擊」網友沒有眼光或品味，只是隨便一句話就起到四兩撥千斤的效果，不可謂不高明。網友們也會覺得，黃渤既有修養又非常機智，最終歡樂收場。

類似這樣舉重若輕的反駁實例，在黃渤身上出現過很多次。

演員閆妮（按：閆音同「閻」）與黃渤首次合作時，見到他後開玩笑說：**「我跟你演夫妻呀，我知道我要走向醜星的行列了。」**而黃渤則說：「我跟你一起演，我想我要走向帥哥的行列了。」黃渤這句話起到反駁閆妮的作用——我都要走向帥哥行列了，你怎麼會成為醜星呢？應答得如此輕鬆又「以德報怨」，倒讓閆妮不好意思了：「那我以後不這麼說你了，我要誇你！」反駁的作用往往不是為了說服對方，或者達到在語言上戰勝對方的目的，而是更好的提升氣場，讓關係更加融洽，黃渤此時就輕鬆做到了。

在現實生活中，我們都遇到過需要自己反駁的事，但要做到輕鬆應對並不容易。有時這需要我們聰明的去化解，有時卻只需要沉默。我們剛剛提到過，黃渤曾與朋友一起組過一個「藍色風沙」組合，而這個充滿淡淡文藝味的名字，卻被臺灣著名主持人張小燕在一次採訪黃渤的節目中調侃道：「**這名字怎麼能取呢？一聽就是會散的東西麼。**」如果是你，那些曾經伴隨你好多年，**與成長和夢想有關的東西，被人拎起來調侃**，即便只是開玩笑，沒有一絲一毫惡意，**你會怎麼應對？**神色尷尬，面露不悅，還是暴跳如雷？而當張小燕說完後，一貫能說會道的黃渤卻只是笑笑，簡單說了句：「對啊，當時沒想啊。」他笑得很平靜，沒有做過多解釋說明和反駁。

法國思想家蒙田（Montaigne）有句名言說：「沉默較言不由衷的話更有益於社交。」有時遇到問題，無論如何反駁，無論是否發自肺腑，都會讓別人感覺言不由衷，索性不如沉默以對，因為這樣不用費任何心力和精力，卻是當時最具說服力的「反駁」，同樣具備四兩撥千斤的效用。

但畢竟，沉默只是實在無奈之時的選擇，如果可以用語言應對，人們大概都不喜歡沉默吧。黃渤在社交中，無論是開口還是沉默，都顯得輕鬆自如。在演完孟金輝導演的話劇《活著》之後，扮演主人公兒子的丁一滕評價說：「黃渤有著娓娓道來的表演方式……我們傳統覺得戲劇演員在舞臺上比較裝腔作勢，一定要去透過肢體、語言的表現力，誇張的體現某些東西，那才是舞臺。黃渤的表演一開始，我們覺得，這樣可以演嗎？後來他把全劇演下來之後，觀眾會覺得很舒服。他內心的東西像是流露出來的。他塑造的是一個特別典型的悲劇人物，但你從他身上看不出那種對於苦痛的外在掙扎，你看到他內心其實是特別苦的。」

正因為黃渤在現實中本就是個遊刃有餘的人，所以能在戲中也做到同樣的大氣。二〇一五年五月，在電影《鬼吹燈之尋龍訣》發表會後，有記者採訪黃渤時說：「你在發表會上一直強調自己顏值高，其實你可以靠臉吃飯了，不必思考過度。」而黃渤卻糾正道：**「我一直在演電影，不就是一直靠臉吃飯的嗎？」**看來，是記者思考得有點過度了。

黃渤演過最多的角色，大概都是喜劇類的，他也因此一度被人們定型為喜劇演員。實際上，在演藝界的很多演員都不喜歡被稱為「定型演員」，因為這似乎代表著他只能演好某一類角色，要是稍微有點突破，就會格格不入了一般，有被看低的意味。

可是黃渤卻不這麼看。在一次採訪過程中，有記者問他，怎麼看待自己雖然演過各種類型的戲，卻被別人說成喜劇演員的情況。黃渤微笑著說：「我並不排斥一直被認作喜劇演員……卓別林也沒改變過，難道他就不牛了嗎？」無獨有偶，黃渤在二〇一三年初接受一家雜誌採訪時，被問到同樣的問題：「很多人**說你是新的喜劇之王，是就此被定型了嗎？**」黃渤依然表達他的一貫觀點：「到不了那份兒上！不能跟人家周星馳和葛優比，人家厲害，可以說得上風格，是大師，我就是個小崽兒，也沒經過幾個戲。定型怎麼了？周星馳一直定型，你能做到嗎？你真的能一輩子把一件事做好了，也是挺不容易的一件事。我覺得我甚至都沒有這個勇氣，甚至說整個大市場不允許，還沒有那麼大的土壤能夠讓你成為一個成功的喜劇演員。定型並不是沒有創新了，你真是能把喜劇演透了，挺好的。能被定型為喜劇演員，沒什麼，我覺得喜劇是需要智慧的，需要控制的。」瞧，只用一、兩個幾乎人盡皆知的簡單例子，就對社會上那種不客觀的看法，進行了最富說服力的反駁：**就算真被定型，也並不等於就沒有提升空間**。

與此相似的還有一個例子，同樣與定型有關。黃渤在億萬觀眾眼中最初走紅，大概是從寧浩導演《瘋狂的石頭》開始的。在這前後，他參演的電影大都是最普通、最底層的草根角色，也因此被很多人定型為「草根演員」，而黃渤卻「反駁」說：「就算是草根，我也是冬蟲夏草。」如此表達自己的態度，不卑不亢，又不失幽默，令人不禁拍案叫絕。

在《鬼吹燈之尋龍訣》的發表會後，黃渤告訴專訪記者，他在劇組裡建了一個微信群，名字叫「尋龍之旅決勝千里」，大家天天在裡面吐槽開玩笑，非常快樂……並說他自己屬於「狂損怒罵型」；通常，如果有人拍了一張美照放上來，本想著得到全體的讚美，而他卻把照片拿過來，要麼用軟體將眼睛弄小一點，要麼把鼻孔摳大一點，然後重新發回群裡，大家在一起玩耍，非常快樂。記者不失時機的感嘆：「特別招人恨啊！」黃渤立刻反駁說：「你沒看這次記者訪問啊？我只要和他們（劇組演員）在一起就完全淪落為被虐的對象，他們都以打擊、報復我為樂。我認為，給他們都找到了人生目標，這也是一件很不錯的事情。」

黃渤就是這樣，不矯揉不造作，如順著水流方向推動小船一般，輕鬆的將對方拋出來的話題給反彈回去，達到反駁目的，表達出自己獨有的看法和意見，這就是他說話的優點之一，也正是我們可以從中學習的道理——**反駁講究四兩撥千斤**。

7 — 有些幽默需要一本正經

作為一個成功的喜劇演員來說，最厲害之處就是，你演了一個悲劇但大家都在笑。

古往今來，無論東方西方，都把幽默看作人們最該具備的優秀特質之一。**幽默往往是一個人的應變能力、交際能力、口才、智慧等多方面的重要體現。**中國著名音樂理論家錢仁康教授說：「幽默是一切智慧的光芒，照耀在古今哲人的靈性中間。凡有幽默的素養者，都是聰敏穎悟的。他們會用幽默手腕解決一切困難問題，而把每一種事態安排得從容不迫，恰到好處。」

歷史上，就有很多以幽默著稱的大師級人物，無論他們從事過什麼行業，做過哪些工作，以什麼聞名於世，毫無例外都被當成是靈活運用語言的巨擘。遠的不講，中國現當代幾位文學家，例如錢鍾書、老舍和林語堂，就是非常知名的幽默大師。現在很多人都喜歡看他們的作品，主要原因之一就是受其中的幽默成分所吸引。

因此，掌握一定的幽默技巧，培養一定的幽默細胞，會在人際交往中起到非常重要的作用。不過現實生活中，要想成為一個幽默的人，絕對是件難事。尤其是現在有很多娛樂性節目與事件充斥在社會中，並冠以幽默之名，給人們的互動帶來一定的影響，也從側面損傷了幽默本身的品質。好的幽默並非特意營造出來的，而是與一個人的先天性格、人生經歷、生活環境和學習能力等多種因素有關。

好的幽默在呈現形式上會有各種區別，比如優秀的相聲大師、小品演員和喜劇演員，大都透過在藝術當中的表演來向人們展示幽默。但在人們日常生活中，不可能像演員一樣去演繹，生活是需要人們自然質樸的去體驗，如緩緩流淌的小溪流水一般。所以，如果一個人在日常生活中就具備自然流露的幽默品質，那他的一舉一動、一笑一顰，都會體現出幽默因子來，而且看上去是那麼的一本正經，毫無矯揉造作之感。

二〇一一年，剛拍完由臺灣導演蔡岳勳執導的電影《痞子英雄之全面開戰》後，主演黃渤和趙又廷一起在張小燕所主持的《ＳＳ小燕之夜》作客。在短短四十多分鐘裡，黃渤以幽默的說話風格、多才多藝的現場展示、富有感染力的講話水準，在節目中大放光彩，贏得了臺灣觀眾的熱烈好評。正如趙又廷當時所說，只要黃渤開口說話，他就會忍不住笑。

節目剛開始不久，張小燕就向黃渤提起有關影帝的話題：「你是在金馬獎得過最佳男主角……今年你又是評審？」黃渤稍微扭一下頭，面帶謙虛的連說兩個「對」字，張小燕立刻捕捉到這一小小的神色和舉動變化，趕緊追問：「幹麼？當評審就不敢講，是吧？沒人罵你，你評得很好啊。」現場頓時哄堂大笑起來。黃渤也很自然的笑起來，同時不慌不忙的說：「我覺得這個還挺有緣的。**第一次拿了獎以後，第二年過來頒獎，第三年過來當評審，明年可以過來當主席。**」這句話一說完，就引起了滿堂彩，張小燕也大笑著說：「你把朱延平（當時的金馬獎主席）都趕走了！」

黃渤的這句話彷彿一個相聲段子，說到前三次來「金馬獎」的事，是在穩穩當當的做鋪陳，等到最後一句，就抖出了一個充滿笑料的包袱，而且說得那麼平穩，將他一本正經的幽默，以最大程度淋漓盡致的在現場發揮。

接下來，張小燕開始問起黃渤豐富的人生經歷。如今，黃渤已是大紅大紫，很多人都知道他在二十六歲上北京電影學院之前，就做過幾年歌手，當過舞蹈老師，也演過幾部電影，與同在現場的趙又廷相比，僅就閱歷而言，兩人完全無法比擬。趙又廷並沒黃渤那麼多複雜的人生經歷，雖然也獲得了不少獎項，但相對來說比較順風順水，沒有多少坎坷與波折。

張小燕介紹說：「他在十六歲的時候是想當偶像歌手的，他那時候聽的歌，都是小虎隊啊什麼的，張學友、郭富城啊……」黃渤接著她的話說道：「對，人在青春的時候都有一段迷茫（期），對自己認識不是太清楚。」不等黃渤說完，在場的人們已經開始為他的冷幽默喝彩了。黃渤這句話本來含有自嘲的意味，是說自己唱了好幾年的歌，最終沒混出多大名堂，但此時一本正經的說出來，聽眾們自然會結合張小燕提到的小虎隊、張學友、郭富城等歌壇大腕（按：流行語，指某領域的頂尖人物）的例子，製造出特別詼諧而值得回味的「笑果」。

黃渤在考取北京電影學院之前，因發小（按：北京話方言，意指從小一起長大的玩伴）高虎推薦，參演了著名導演管虎執導的電影《上車，走吧》，也從此改變了他的人生道路。這讓黃渤從一個在歌唱行業裡拚搏好多年的普通歌手，忽然轉變成電影演員。而且，這部電影還獲得第二十一屆中國電影金雞獎的「最佳電視電影獎」，雖然不是個人獎項，但電影獲獎帶給黃渤的感受卻也非比尋常。

張小燕提到這件事時，黃渤說：「拿了這個獎後，突然覺得別人很肯定你。突然覺得，**拿了這個獎，是對前面那麼些年我對唱歌努力的一種諷刺，你知道嗎？**」這句建立在一段艱辛而富有成果的人生道路之上的話語，貌似稀鬆平常的說出口後，觀眾們從他所謂「對唱歌努力的一種諷刺」的表達中，既能體會他當時的複雜心情，也為他在此時的幽默表述而開懷。

對於初次接觸電影時，自己所表現出的陌生感與好奇，黃渤也舉了一個引人爆笑的例子：「我當時沒搞懂一件事，導演到底是幹什麼的？你看喔，各司其職——編劇寫完劇本，然後攝影在拍，演員在演，服裝穿好衣服，化妝給化，所有拍完了，剪輯剪出來，那導演幹麼，只是喊個『開始』跟『停』的麼，那為什麼到最後要掛上什麼『誰誰誰導演作品』，跟你有什麼關係……**這個莫名其妙的尊重來自於哪裡？就是覺得有必要去學一下。**」

這是發生在初涉影壇的黃渤身上的真實事件。在當時，對拍電影一無所知的黃渤確實質疑過導演的身分與價值，經過十多年後再次轉述，加上他一本正經的表現出來，彷彿又回到了那時候的特有神色和動作，立刻令人不得不跟著他身臨其境，又捧腹不已。

當談到與趙又廷在拍攝《痞子英雄之全面開戰》，需要坐進車內完成一系列飆車的場景時，黃渤與張小燕對話。

黃渤：「我以為要求是他完成裡面的（動作）就ＯＫ了，實際會有特技專業人員，然後再來（完成特技動作），沒想到他就是特技師傅。」

張小燕：「你ＯＫ嗎？」

黃渤：「我當時跟你的問題是一樣的：『你ＯＫ嗎？』……拍完了以後，從車上下來，他對我說：『哥，你沒事吧？』我說：『就你沒事吧。』後來我說：**『其實你最近發展得還不錯。』**」

黃渤在講述過往的時候，無論提及的場面驚心動魄，抑或波瀾不驚，他都能娓娓道來，出口成章，笑料百出。黃渤善於用再正常不過的方式，把故事描繪得繪聲繪色，又處處體現著機智的亮點，而且還懂得適可而止，不完全點破笑點，為聽眾帶來會心的幽默，實在難能可貴。比如「其實你最近發展得還不錯。」明明是在告訴趙又廷：要注意安全啊，不要這麼拚命，人生的好戲還在後頭呢。但他講到這裡時卻偏偏停頓下來，幽默的效果也就隨即產生了。

接下來，他們繼續聊到《痞子英雄之全面開戰》。

張小燕問：「這部電影中還有爆破的場面？」

黃渤道：「爆破太多了，現在回頭想起來，什麼跳樓、跳橋、飛車、汽車跟飛機打、開飛艇在公海……我說**我來的時候又沒有買門票，你不用讓我這麼刺激吧？**基本上什麼遊樂設施都去過了，高空墜落、激流勇進等等。」

張小燕插話感嘆：「很痛吧？」

「很痛？好像還不足以概括。」現場觀眾又被黃渤逗樂了。他接著解釋，「那時候真的渾身都是傷……其實也挺好的，就不用演戲麼，表情也就自然多了。」

張小燕又問：「導演就不會有點兒憐香惜玉的意思？」

黃渤趕緊答道：「有，他會說一句：『不好意思啊，再來一次。』」

張小燕：「所以黃渤說，臺灣電影如果有發光發亮的地方，我也貢獻過力量。」

黃渤：「對，我的血汗也為了臺灣的電影流淌過。」

你會輕而易舉的發現，在這場節目中，幾乎只要有黃渤開口，沒有一句不讓觀眾由衷的發笑。他自己倒講得似乎很淡定，可聽眾們一直沉浸在最歡樂的氣氛中。

趙又廷從一開始跟黃渤合作，就發現了他卓爾不群的說話水準。在節目中，趙又廷甫介紹說：「我自己其實拍得最辛苦，但是除了動作戲憋著不笑……」張小燕馬上插嘴問：「就是他一講話，你就想笑，對不對？」趙又廷笑回：「對，對！」此時，沉默幾十秒的黃渤又不失時機的為觀眾奉獻一個爆笑的妙句：「作為一個成功的喜劇演員來說，最厲害之處就是，你演了一個悲劇，但大家都在笑。」

講到《痞子英雄之全面開戰》的導演蔡岳勳時，張小燕提到這部電影投資了三億五千萬新臺幣，黃渤說道：「我開玩笑說，這根本就是導演的復仇，是一個報復，為什麼呢？因為他天天回去，小惠姐（臺灣著名製片人、蔡岳勳導演的妻子于小惠）就說，哎呀，不好意思，老公，今天去商場又超支了，一下子花了三萬五千塊錢。然後隔天回來，又說超支了。終於有一次回去，導演說，**不好意思，老婆，我今天超支了，花了三億五千萬。**」

講到這裡，觀眾席上早已經笑得人仰馬翻，可黃渤還在一本正經的講：「你知道，像我們平時過年放鞭炮，去買幾千塊錢的鞭炮，拚命放，一定很高興。在劇組我們那天也是過年，也是差不多在那個時間，現場放炸彈啊，砰！砰！」

他能夠把話題中本來差距很遠的各種元素，全部糅合到一起，像平常的聊天一樣，微笑著說出來，笑點也就一個接一個的跟著往外蹦，還完全不會給人生硬的感覺。連我這個平時對娛樂節目很挑剔的人，都似乎被黃渤的爆笑金句給黏住了一樣。

節目最後，主持人張小燕怎麼能放過讓黃渤一展歌喉的機會呢？其實之前她已經拉出黃渤，讓他跳上幾個舞蹈動作了。此時，她說：「黃渤的歌也唱得不錯，請他給大家來一首。」黃渤微笑道：「才能全展示啊，還要唱歌？其實我登山也還不錯哎。」一邊說邊朝身後上方看，做出一副在山腳下看山頂的樣子，觀眾們已經笑聲震頂了。

四十多分鐘的一場訪談節目，能夠做到讓觀眾非常受用的開懷大笑，這樣的人的確不多，何況是在人們都非常注意形象的演藝圈。其實，不光是在這場節目中，在黃渤參加過的許多節目裡，無論是訪談型、互動型、操作型還是純娛樂型，他都能做到有條不紊的把自己的幽默展示給所有人。錢鍾書說：「一個真有幽默感的人別有會心，欣然獨笑，冷然微笑，替沉悶的人生透一口氣。」黃渤就是這樣的人。

我們說，有些幽默需要一本正經。所謂一本正經，就是不用想方設法、不用誇張的舉動、不用不著邊際的語言、不用各種矯揉的口氣去取悅觀眾，就能夠在觀眾心目中留下最好的印象。說到底，幽默也是以內心的真誠和真實鋪墊的，只要你能**將自己質樸的一面，以最放鬆的姿態，自如的展示出來**，你自然就會發揮出最高的水準，而此時的你，就是最好的你。

8——不輕易自嘲，除非弱點能成了優點

黃渤在很多公眾場合都拿自己的長相自嘲過，
結果大家都不覺得那是缺點，還從中看到他詼諧又幽默的亮點。

幽默是人際交往中最能體現人格魅力的基本素質，而自嘲在多數情況下也會產生幽默的效果。但是，有人說自嘲是幽默的最高境界，就有點故弄玄虛的味道了。

實際上，自嘲在很大程度上，是人們遭遇窘迫或者尷尬的情形時，不得不選擇的一種下臺階的方式。說到底，**自嘲在本質上是為自己已經暴露在外的缺點，努力創造挽回餘地的辦法**。它的確是一種能力，但絕不是幽默的最高境界。

你的自嘲無論表現得多麼出色，無論展示出你多少的幽默感，前提都蘊含著一定的無奈與迫不得已。唐朝偉大的寫實派詩人白居易，有首叫《喜老自嘲》的詩：

面黑頭雪白，自嫌還自憐。毛龜蓍下老，蝙蝠鼠中仙。

名籍同逋客，衣裝類古賢。裘輕被白氎，靴暖蹋烏氈。
周易休開卦，陶琴不上弦。任從人棄擲，自與我周旋。
鐵馬因疲退，鉛刀以鈍全。行開第八秩，可謂盡天年。
（按：氎音同「疊」，細棉布。氈，為獸毛壓製成的織物。）

從歲月帶給身形面貌的風霜洗禮，到社會現實為生存環境造成的窘迫狀態，再到因其給自己心緒帶來的消極影響，以及對「心比天高」和「命比紙薄」兩者之間矛盾的感慨……白居易的這首詩句句自嘲，看上去文采奕奕，或許還會被他人解釋出深刻而偉大的思想，但它直接反映的卻只是詩人的無奈。對白居易而言，最起碼在他寫下這首詩的前後很長一段時間裡，他過得極其不快。不管是此時此刻，還是從他的整個人生來看，這種因無奈而形成的不快，就是他的生活所折射出來的最大弱點。他如此自嘲，你能說不是幽默的最高境界嗎？

但是，白居易的《喜老自嘲》一詩，恰恰又讓我們看到他身上的優點。白居易被後人總結為「偉大的寫實派詩人」，就是因為他敢於把自己遭遇到的，以及五官所感觸到的一切值得記錄的社會現實，都毫不吝嗇的以詩歌形式記錄下來，而且他始終有那種主動描述社會現實和自我心境的強烈意識。這些，正好構成了他能夠留存史冊的最大因素，也成為他的最大優點。

舉出這個離我們相隔一千多年的例子，只是為了說明，只要能夠將自嘲用得好，不管是否關乎幽默，都可以用這種方式，把本來令自己無奈的弱點，變成別人眼中與你有關的優點，而幽默也可能就是優點的其中之一。這樣的自嘲，就是聰明的自嘲。換句話說，聰明的自嘲，可以使你的某項弱點轉為你呈現某個優點的方式，比如白居易的自嘲詩，就讓我們看到了他作為現實主義詩人的偉大。

黃渤也特別善於透過語言自嘲，把自身的弱點轉成可以讓別人接受的優點，而這個優點就是他的幽默。

二〇〇九年，黃渤主演管虎導演的電影《鬥牛》。因為在這部黑色喜劇中的出色表演，黃渤獲得一系列來自觀眾、媒體和專業人士的一致好評。最終，在當年十一月底舉辦的第四十六屆金馬獎頒獎典禮上，《鬥牛》被宣布獲得「最佳改編劇本獎」，而黃渤則獲得「最佳男主角獎」，成為金馬影帝。同時，在隔年的第十六屆北京大學生電影節，黃渤也獲得了「最佳男演員獎」，更加奠定他在華人觀眾心目中的良好形象。

在第四十六屆金馬獎的頒獎晚會，當上一屆影帝張涵予和影后劉美君宣布，本屆金馬獎首次將「最佳男主角獎」頒發給兩位演員時，臺下立即爆出了熱烈的掌聲。隨後，電影《證人》的主演張家輝和《鬥牛》主演黃渤依次走上舞臺，接過了劉美君和張涵予遞過來的獎盃。兩人互相謙讓了一下後，張家輝開始發表獲獎感言，只是可能因為激動，或者還沒完全想好，他才一開口說出「其實我……」三個字，就停頓了下來。機智的黃渤趕緊替他補了一句：「其實我經常看你的電影。」臺下眾多明星立刻掌聲雷動，一方面在鼓勵張家輝，一方面也是為黃渤的反應之快而喝彩。

張家輝說了幾句獲獎感言後，說自己還沒完全想好，讓黃渤先說。黃渤一開口就一如既往的展現自己的好口才：「那不如我先替他說說吧。《證人》我看了，我覺得驚嘆，我沒想到張家輝可以演得這麼好，我看過他很多的電影，我知道他一直很努力——像我一樣。」雖然是「替張家輝說說」，但很自然的將話題引到自己身上，還借著誇獎張家輝，很詼諧的自誇一句，不禁引起大家的叫好。

隨後，黃渤的「自嘲感言」開始了：「這是真的嗎？哇，這就是傳說中的影帝耶！對了，我說這是不是真的，不是指這個獎座，我說的是這件事情。」臺下一直笑聲不斷，黃渤接著說道：「因為剛考上北京電影學院的時候，有的同學就說，**黃渤也考上電影學院了，現在的招生標準太鬆了吧**？後來跟一幫帥哥美女去試鏡，導演跟帥哥美女聊了很久，然後過來很禮貌的跟我說，哎，請問你是他們的經紀人吧？後來還有一位長輩知道我要演戲了，就跟我說，女怕嫁錯郎，男怕選錯行啊！看樣子我選對了！」

這絕對是一段非常具有特色的獲獎感言，有別於很多演員的一連串感謝，也有別於一些演員的激動不已。黃渤**以自嘲來感言，放在電影頒獎史上來看，都是不常見的**。這段感言的另類性質本身就產生了絕佳的現場效果，而黃渤在講起那幾段別人對自己的質疑性評價時，一貫的幽默感有如金子發光，無法收拾的往外溢出。更何況，黃渤的感言其實也在無形中以實際行動證明，之前認為他不適合做演員的那些人，其實是看走眼的。他透過自己的勤奮努力和聰明才智，證明他可以是一名優秀的演員。

沒錯，黃渤是在以自嘲的方式，講述自己曾經受到過的幾次被「小看」的經歷。但無論是現場的明星觀眾，還是藉由螢幕觀看直播的一般人，都沒有因為他的自嘲，就覺得他哪裡有薄弱的地方。而且正好相反，大家因為他的機智聰明與幽默詼諧，對他的好感和喜歡程度更增添了幾分。客觀來說，黃渤之所以自嘲，是因為他與其他大多數演員比起來，確實長了一張不像演員的面孔，最起碼他不是帥哥，沒有多少能夠直接吸引觀眾的顏值，因此他在很多公眾場合，都拿自己的長相自嘲過。只是他**充滿智慧的自嘲**，不但沒讓人覺得他有多大的缺點，而且還從中深深的**看到他機智、詼諧又幽默的亮點**。

既然說這些是「聰明的自嘲」，那什麼又是不聰明的自嘲呢？前面提到，**自嘲有個前提是「無奈」**，是為自己所處的窘境和尷尬狀態，所創造的一種下臺階的方式。只有處於這種情形之下，當被逼無奈，不得不透過自嘲來解決社交問題時，才說得上是找到最好的方法來幫助自己脫離窘境，這就是智慧所在，也就是聰明的自嘲。反之，要是你有其他更好的說法或做法，來面對社交場合所造成的壓力，你難道還要僅僅因為受「自嘲是幽默的最高境界」的影響，揚短避長的選擇自嘲來說話嗎？如果你真的如此選擇，那肯定不是聰明的做法。因此，每種說話方式都會有滋生它的特殊社交土壤，我們作為社交環境中的一分子，一定要根據具體情況，來活學活用說話之道，千萬不可一概而論或機械式的學習。

第2章

有些問題，你不需要回答，甚至可以不必回答

當有人問道：「你向來演喜劇，此次突然出演比較虐心的電影，有什麼感想？」

黃渤用一句古詩來回答：「淡妝濃抹總相宜。」

又有學生問：「國慶檔你有三部電影要上映，你最喜歡哪一部？」

黃渤笑著問道：「請問今天哪個導演來了？」

1——「真誠」不是為人處事的手段

太陽是有什麼就照什麼，是什麼樣子就照出什麼樣子。

真、善、美是我們生而為人最該重視的東西，這些是我們最不該缺乏的內在素質，代表了人格和道德的高度，以及人類自身文明的博大與厚重。其中的「真」，便是我們在社會中最應當遵從的真心、真意、真實、真切與真誠。「真」並不是我們為人處世的手段，而是源自內心的特質。

在現實生活中，也不乏一些拿真誠當生存手段的人，他們在公眾場合與社會交往中，往往像穿衣打扮一般，將真誠貼在臉上和口中，希望每個人都看到，但背地裡卻盡是大大小小的蠅營狗苟，就像曹雪芹在《紅樓夢》裡形容王熙鳳一樣：「嘴甜心苦，兩面三刀；上頭一臉笑，腳下使絆子；明是一盆火，暗是一把刀；都占全了。」

一個人的內心沒有真誠，即便再能言善道，也終究只是虛假的偽真誠，能在人前表演一時，卻演不了一世。一個人內心充盈著真誠，即便再笨嘴拙舌，再低調謹慎，也終究能夠日久見人心，從而使人傾慕你的人格與品質。

二〇一四年一月十五日，新浪網「微博之夜」年度盛典在北京國貿三期舉行，來自各行各業的眾多微博明星走上紅地毯，在背景牆前面亮相。黃渤作為最耀眼、最富影響力的電影明星，壓軸出場。當他接受完媒體記者的拍照後，自然少不了先被介紹現場嘉賓的女主持人採訪一番。於是，兩人之間當著鏡頭有了一番對話。

女主持人問：「**『五十億影帝』，這名字會不會給你以後接戲帶來很大的壓力？**」作為前兩年最負盛名、最具票房號召力的演員，黃渤因為出演電影的總票房已經突破五十億，而被稱為五十億影帝。此時，如此隆重的公共場合，難免會被主持人拿出來直接稱呼他。不過，黃渤卻說：「它沒有，那五十億沒裝我口袋裡面，它沒給我多大壓力。」

看似一句玩笑話，但了解黃渤的人都應該清楚，他說的完全是真話。黃渤一直以來以真誠質樸的形象示人，正如走紅毯時的介紹語所說：「黃渤不但具有專業的表演素質，在他身上散發出來的內心的真實與質樸，也是大家非常喜愛的元素。」他從不有意隱藏弱點，也不刻意張揚優點。他曾公開說過，五十億就是個數字，演好戲才是最重要的。也許他會因為工作的各方面而產生壓力，但是由他親自創造的這個天文數字票房本身，卻不會給他帶來多大壓力。只有一個內心真誠坦然的人，才不會太受各種或捧或貶的輿論影響。

女主持人接著說道：「但是對演員來說，票房是最重要的，其實是大家對你的喜歡、支持和認可。那我知道，其實黃渤也是『筷樂行動』的發起人，所以到現在也是有很多朋友都真的是開始（加入）自己攜帶筷子的行列了，能不能了解一下——給我們聊一下這個活動，當初是怎麼暢想的？」向來喜歡逗笑的黃渤，此時卻一改往日給人的印象，一臉嚴肅又真誠的說：「對，這是一個慢慢來的活動，就是已經做了幾年，循序漸進，慢慢的影響身邊的人，簡單一點兒，方便執行一點兒，好實施一點兒，就好。」

「筷樂行動」是黃渤宣導的公益活動。中國人的一日三餐離不開筷子，但是在現代社會中，因為對一次性筷子的大量使用，對公共衛生和社會環境帶來了很大影響，而且往更深處想，這甚至是造成境內森林覆蓋面積減少的原因之一。黃渤發起「筷樂行動」，就是宣導大家在有必要的情況下，可以自帶環保筷，減少因使用一次性筷子而造成的環境問題。中國人口眾多，在公益事業上，如果每個人都能以身作則，哪怕一點點，綜合起來便會產生巨大的良好效應；反之，如果大家都不太注重一些環保方面的小事，綜合起來同樣會成為巨大的社會問題。

「筷樂行動」看起來只是與一雙筷子有關的活動，可如果人人注意的話，集中在一起也是個不得了的公益行動。只是，提倡起來容易，要想真的在全民當中出現成效，其中的難度實在不小。**黃渤並沒有**從可能起到的巨大作用上著眼，來**標榜自己所提倡的這項公益多具有意義**，而是從執行層面上來說，道出了活動的「簡單」、「方便執行」、「好實施」。他完全可以僅介紹這項公益行動的意義多麼重大，因為事實確實如此，但他偏偏說的是行動很「簡單」。因為內心真誠，所以在聊起所有事情時，都會自然而然的真誠表達。

在接下來的對話中，他仍然有一說一，絲毫不會遮掩和迴避。主持人問：「明年會有什麼新的公益的計畫嗎？」他說：「除了這些（筷樂行動）以外，明年主要是休息。**休息本身就是一個公益的行為，因為不工作了可以少吃一點兒。**」同樣，面對來年的公益計畫，他也沒有刻意就「筷樂行動」講上一大堆，而只是用一個小小玩笑輕鬆帶過而已。

在「微博之夜」年度盛典中，黃渤憑藉他所形容的「簡單」公益活動，獲得了「微博年度公益貢獻獎」。從中可以看出，只要你真心去做一件有益於大家的事，哪怕你再怎麼不聲張、不賣弄，也會受到人們的關注、支持和讚揚。黃渤獲得這個重要獎項，就是最有說服力的證明。

頒獎完畢後，主持人孟非對黃渤說：「現在，公眾人物，尤其是藝人——著名藝人，關注公益活動的非常多，而且現在公益的專案、內容也非常多，為什麼這麼多項目當中，你選擇了『筷樂行動』？」黃渤笑著說：「簡單、易做、不用花太多錢。對，筷子，最簡單的事情。」等他說完後，連孟非這位向來以嘴巴不饒人而叱吒主持界的說話高手，都忍不住誇讚：「這是實在人。確實是，很多公益需要力所能及，每個人情況不一樣，有的人多的是錢，有的人多的是時間，有的人多的是——比如——我有一些專業技能。那黃渤選擇的這個是……你再說一遍給我們聽！」說到後面，孟非提高了嗓音，他也是同樣真誠的想讓黃渤再借機宣導一次「簡單、易做、不用花太多錢」的「筷樂行動」，很明顯，他清楚公益事業該有的分量。不過，還沒等黃渤接話，女主持人朱丹接過了孟非的話頭：「今天同樣是一個不花錢的宣傳，所以你可以在這邊發起一個邀請，讓更多的朋友來加入你的『筷樂行動』，好不好？」朱丹與孟非的想法是一致的，他們都想當著公眾的面，將「筷樂行動」的效應再擴大一次。

此時，黃渤說了幾句有關自己發起這項公益活動初衷的話：「是，其實是因為之前參加過**很多的公益行動，但是後來發現自己的參與都慢慢變成了簡單的口號**，完了以後，回家就忘了這件事情了。從自己這兒，我想把『公益』從一個簡單的名詞，變成一個動詞，讓自己和身邊的人能夠多參與，少使用一次性筷子，謝謝。」

大多數人都應該心知肚明，很多公眾人物參加的公益活動確實不少，但事後能繼續堅持做下去，或者能保持原汁原味的特色一直做下去的人並不多。他們要麼因工作事務太忙，要麼因毅力和耐心出現折扣，要麼純粹就是只想做給別人看看。**黃渤並沒有避諱**自己之前參加公益活動不能長久的事實，坦誠講出了實際情況，當然也是他發起並認真執行「筷樂行動」的動機。說的和做的，都非常難能可貴。這兩三年來，黃渤好多次出席各類活動時，都帶著一些環保筷，把它們發給現場的人，身體力行做著他所謂的「簡單公益」，體驗著因這項事業而獨有的快樂、踏實與充實。

古語云：「至念道臻，寂感真誠。」你內心有那份真誠，自然會在日常待人接物與說話中體現出來，你想攔都攔不住。只需要一點點時間，別人也自然能夠真切體會到你的這份真誠。高爾基（Maxim Gorky，蘇聯文學創始人）說：「**太陽既不會脹大，也不會縮小，有**

什麼就照什麼，是什麼樣子就照出什麼樣子。」這句充滿哲理和思辨的名言，透過隱喻將人與人之間應該真誠以待的道理，闡述得極其明白：你本身是什麼樣子，就呈現成什麼樣子；你內心是什麼樣子，就對別人展示什麼樣子；從而你也能從對方那裡，獲得他內心最真誠的那個樣子。

人是主要依靠語言交流的動物，就讓你的每一次說話，都真誠的表達你的真誠吧！

2——順著誤解來化解誤解，不用辯

誤解，是人們對你的認識與你對自己的認識發生了分歧；怎麼化解？就是順著已經在別人眼中形成的誤解，坦然大氣的應對。

沒有人喜歡被誤解，但沒有人沒被誤解過。演員作為公眾人物，更是如此。誤解，是人們對你的認識與你對自己的認識發生了分歧；如果分歧較小，或引發的後果不值一提，你可能會一笑了之。可如果分歧較大，或引發的後果也比較嚴重，就會給你帶來很大的困擾，甚至各種本該不屬於你來承受的傷害。

現實生活中，我們經常聽到的一些比較惡劣的詞語，比如冤枉、誹謗、造謠等，說到底都是誤解或故意誤解造成的。所以，當人們被誤解後，都想極力擺脫誤解，留住自己在別人心目中的好印象，正如魯迅所說：「聲明誤解釋前嫌，大家都是好東西。」（按：意指將誤解說明清楚就能盡釋前嫌，大家又可以好好相處。）

但是，要擺脫誤解談何容易？特別是進入網路時代以後，一旦被誤解，便會迅速而廣泛的擴大，排山倒海般一發不可收拾，要想重新挽回局面，難如登天。君不見，茫茫「網海」，經常能見到各類公眾人物出來澄清各種真真假假的誤解，有時候卻是越辯白越難堪；網路既像催化劑，又像放大鏡，成了滋生誤解的最大溫床。

也有很多人選擇沉默，用不說話來表達自己的不屑、憤怒，用不接招來證明自己的清白。可很多時候，偏偏是你即便以惹不起卻躲得起的方式來對待誤解，也往往躲得了初一躲不過十五，總會被人重新拎起來問。不管他們是有意無意、好心壞心，開玩笑還是調侃，總不能當著公眾的面發飆或逃避吧？

最好的辦法，或許只有順著已經在別人眼中形成的誤解，坦然而大氣的應對，讓事實來化解它。如此，別人對你的誤解也就自然而然的煙消雲散了。

二〇一三年二月，黃渤參加湖南衛視著名的娛樂節目《快樂大本營》。那時，他出演的《人在囧途之泰囧》剛以近十三億票房締造了中國電影票房新紀錄。而黃渤也和導演徐崢等人，自然成為當時演藝界最炙手可熱的人物。節目期間，少不了會被問到這個話題。

主持人謝娜說：「你現在是全中國，甚至也包括外國的片子中，（票房）最高的，是吧？你現在是最高票房的男影星耶！」

黃渤說：「這我應該客氣一點兒，這個我還真不知道該怎麼接。」

一貫以活潑搞笑著稱的謝娜接著說：「你接啊。因為一般這種人就是誇獎了不知道該怎麼接。」

機智的黃渤順著她幽默的說道：「對。也沒有，我也沒想到個人的號召力會有這麼大。」頓時，觀眾們都哈哈大笑起來。黃渤繼續說：「我就說，徐崢現在天天在家裡面……」此時，謝娜補了兩個字：「數錢！」黃渤笑著說：「他不是數錢，還沒到數錢的時候，他天天得去醫院縫嘴角，因為每天都在笑，每天嘴角都是裂開的。」說得在場的何炅（按：音同「炯」）、謝娜、李維嘉、杜海濤幾位主持人，以及與黃渤同時參加節目的林志玲、高以翔等人都大笑了起來。

何炅聽黃渤如此說，也開起了玩笑，不過黃渤要解決的「難題」也來了。「你這樣講，徐崢導演會開心嗎？哎，我前幾天看到網路上**有人說，你跟徐崢導演其實沒有那麼愉快**，是真的有這回事嗎？有人說是分贓不均，哦，不是分贓，是分帳不均。志玲，你聽說過黃渤跟導演（指黃渤與林志玲一起拍戲時的導演）說他跟徐崢真的沒有任何問題，說他甚至敢在現場直接打電話跟徐崢導演交流？」林志玲一副思考狀，說：「沒有這樣聽說過。」何炅轉向黃渤：「你敢不敢（現場給徐崢打電話）？」

說實話，雖然何炅是在開玩笑，而且作為一名優秀的主持人，在《快樂大本營》這樣的娛樂節目現場，他的玩笑開得並無不妥。但是，畢竟是拎出了網路上對黃渤和徐崢之間關係的一個誤解，直接遞到了黃渤面前，無論如何都算一個挑戰；一旦當事人應對不好，不但令自己難堪，解決不了問題，反而會加深億萬觀眾對他們的誤解。

可黃渤卻一點都沒有不適的表情，而是以一貫的坦蕩大氣與幽默的風格說道：「跟徐崢啊？自己的一個小弟，有什麼不敢打電話的？哦，不是，自己喜歡的一位年輕導演，那麼崇拜的導演⋯⋯」

一旁的高以翔忍不住插話道：「我愛聽黃哥說話。」

何炅「步步進逼」說：「你敢不敢打通徐崢的電話，跟導演說，『小弟啊⋯⋯』」然後，他轉身對一旁的工作人員說：「來，電話！」現場工作人員馬上遞過來了一支手機。

黃渤連一絲一毫的反常都沒有，他像平常人給朋友打一個最平常的電話一樣，撥通了手機號碼。隨著電話那頭徐崢的一聲「喂」，黃渤一邊笑一邊對著手機說道：「喂，徐崢啊，分錢。」現場頓時笑成了一片，黃渤趕緊假裝像說錯話那樣，立刻「糾正」道：「不是，那個，你在哪兒？」只聽徐崢說：「我在澳洲呢。」何炅趕忙接過話頭說：「徐導，恭喜你啊，我是何炅。」

徐崢可能不知道黃渤在參加節目，身邊竟然還有人在。他一聽何炅的聲音，估計是有點詫異，連忙說道：「謝謝，謝謝。」

何炅說：「你還記得我是誰？你（票房）都十三億了，你居然還記得我是誰？」電話裡邊立刻傳出了徐崢爽朗的笑聲。

黃渤笑道：「我說是在縫嘴角吧？沒有錯吧？完了，嘴又咧開了。」

何炅對著現場觀眾說：「我們觀眾朋友，要不要用掌聲祝賀一下徐崢導演？」現場觀眾早就被臺上的幾位逗得忍不住，立刻掌聲如雷，黃渤不失時機的對著電話說：「你聽到大家起鬨了吧？」臺下掌聲又響成了一片。

何炅繼續說：「徐崢導演，剛才黃渤在節目裡說，他扶持你這個年輕導演是應該的，你有什麼回應的嗎？」

黃渤把手機拿到嘴邊，學著我們經常能在電話中聽到的聲音說：「您撥打的電話已（關機）……。」

不等黃渤說完，觀眾的笑聲和掌聲早就淹沒了現場，電話裡也傳出徐崢的大笑聲，他說：「讓人踩肩膀，是一件我很願意做的事情。」

黃渤絲毫「不饒人」，趕緊說：「好的，我堅實的肩膀，一直在等候著你……。」

一旁的謝娜說：「你趕緊講主題『分錢』啊。」

黃渤繼續說：「那就可以了，然後分錢的事情你從澳洲回來我們再說啊，哈哈。好的，給大家拜個年吧。」

徐崢意猶未盡，繼續開玩笑道：「那個事情我覺得是這樣的，黃渤透過這個電影，得到的已經夠多的了……。」

黃渤拿過電話到嘴邊，說：「您撥打的電話已關機。」

在短短的幾分鐘內，觀眾們一直處於爆笑狀態，完全沉浸在臺上幾位優秀主持人和演員所營造的快樂氛圍中。

從這場對話中，當黃渤被問到有關他和徐崢因為票房分帳而出現矛盾的誤解後，**並沒有**

多麼刻意的去解釋，更沒有想盡辦法去辯駁。最不可思議的是，他連一點點不快的意思都沒有，只是坦蕩蕩的順著氣氛往前走。但是，他也並非沒有「辯駁」。當接過何炅遞過來的手機時，他笑著對徐崢所說的那聲詼諧的問候語——僅僅「分錢」二字——及時就將人們對他的誤解化解得無影無蹤。只要是正常人，都能看得明白，如果不是要好的朋友，是不可能也沒辦法當著那麼多觀眾的面，將玩笑開得如此自然、和諧而大氣。

這，就是黃渤對誤解所做的沒有回應的回應。他根本不需要再多說一句話，大家就明白，之前流行於網路的說法完全是一種誤解。原來持懷疑態度的人，再也不可能去以訛傳訛，而若還有不懷好意的人想繼續「將誤解堅持到底」，也不會有多少人理會。一場如病毒般的流言，就這樣被當事人用幾句話給輕鬆的消滅，他的胸襟與智慧不得不令人佩服。

按道理來說，當你被別人誤解時，心中總會充滿怨忿之氣，這是非常正常的，因為那畢竟是一種源於莫須有的傷害，不該是自己承受的東西。因此，只有多多學習說話之道，才能夠像黃渤那樣，大巧若拙的將其化解於無形。不過，**要順著誤解來化解誤解，需要一個前提，這便是坦蕩而大度的胸襟**。唯有練就海納百川的心胸，才能接得住由四面八方射來的箭枝。你控制不了別人衝向你射箭，但你完全可以鍛造自己「接箭」的本領。然後，才該順勢而為的化解它們，讓自己的身心免遭傷害。

3——用恨恨的口吻誇讚，雙方的情緒會嗨到最高點

黃渤恨恨的說：「像你這種人呀……長得好看也就罷了，還要演得好；演得好也就罷了，還要導得好，你還要不要別人活呀。」

古話說：「良藥苦口利於病，忠言逆耳利於行。」但是，反過來看，對病有利的藥不一定都苦口，苦口的藥也不一定都是良藥；有指導意義的話不一定都逆耳，逆耳的話不一定都是忠言。在實際生活中，人們當然喜歡聽到對自己有好處的話，也就是所謂的忠言，可如果忠言真的是以逆耳的方式進入耳中，聽話的人心裡總難免會產生反感。

對說話者而言，你本來想說幾句自認為對聽話者非常有用的忠言，可一旦表達方式「逆耳」了，對方不但不容易接受，還會因心中不快而對你有意見。所以，既然要說內容好聽的話，就要**採用好聽的形式**，**這才是正確表達忠言的方法**。

魯迅的散文詩集《野草》中，有一篇著名的短文叫《立論》，其寫作目的更多的是對

「說謊的得好報，說必然的遭打」這種社會現象的諷刺，但我們從中也不難看出，不同的說話方式會產生不同的效果，更會引發不同的後果：

> 我夢見自己正在小學校的講堂上預備作文，向老師請教立論的方法。
>
> 「難！」老師從眼鏡圈外斜射出眼光來，看著我，說：「我告訴你一件事——
>
> 「一家人家生了一個男孩，闔家高興透頂了。滿月的時候，抱出來給客人看——大概自然是想得一點好兆頭。
>
> 「一個說：『這孩子將來要發財的。』他於是得到一番感謝。
>
> 「一個說：『這孩子將來要當官的。』他於是收回幾句恭維。
>
> 「一個說：『這孩子將來是要死的。』他於是得到一頓大家合力的痛打。」
>
> 「說要死的必然，說富貴的許謊。但說謊的得好報，說必然的遭打。你……」
>
> 「我願意既不說謊，也不遭打。那麼，老師，我得怎麼說呢？」
>
> 「那麼，你得說：『啊呀！這孩子呵！您瞧！那麼……啊唷！哈哈！Hehe！he，hehehehe！』」
>
> 一九二五年七月八日。

按照魯迅所要表達的主旨，那三個對小孩給予不同評價的人之中，前兩位是說了謊的，只有最後一位說的是一種必然情況，但是偏偏這位就挨了一頓打。其實，要是真費心一點來分析，前兩個人的評價都談不上說謊，因為很難說孩子長大後就不會發財或做官。只是，他們的好話說得絲毫沒有藝術性，它固然能得到聽話主人的「感謝」或「恭維」，但也容易讓其他人聽出其中的敷衍、唬弄與不誠懇。說得不好聽一點，簡直還會讓人聽著「噁心」。所以魯迅也才會借助文章來嘲諷這種說話方式。

我們在生活中，很多時候會需要說幾句好聽的讚揚別人，那麼你如何才能夠將誇讚別人的話說得好聽，又不讓對方聽著難以接受，就是需要思考和學習的事。讓我們一起來看看，黃渤是怎樣將誇讚別人的話說得特別好聽的。

二〇一二年八月，黃渤受邀與曾志偉、朱丹等人主持安徽衛視舉辦的「亞洲偶像盛典」頒獎晚會。在晚會現場，演員陳思成靠著自編自導自演的電視劇《北京愛情故事》，獲得了「最具潛力導演獎」。當他接過頒獎人、著名演員佟大為和王姬授予的獎項，在發表完獲獎感言，正準備走下臺時，他被朱丹叫住：「恭喜陳思成，我們可以聊一下嗎？」

與朱丹一起主持的黃渤緊接著說：「對，其實**怎麼可以輕易的放你下去呢，像你這種人……**」話說到這兒，估計在場的所有人都心裡一驚，因為類似「像你這種人……」一樣的話，雖然本身屬於中性色彩，但一般都會用在表達貶義的場合，況且黃渤還是「恨恨的」說出口。人們都不知道黃渤到底要表達什麼意思，連同臺的朱丹也嘆道：「哎喲，那麼嚴重？」

不過，當黃渤緊接著將話說出口後，現場觀眾都不由自主的喝起彩來。他是這樣說的：「……長得好看也就罷了，還要演得好；演得好也就罷了，你還要導得好，你還要不要別人活啊。其實，今天我們除此之外，還給了你一份禮物。禮物是一段祝福，我們看一下大螢幕。」隨著音樂聲響起，當時還是陳思成女朋友的佟麗婭送上的祝福，開始在大螢幕上播放了起來。

無庸置疑，黃渤說出的這番話明顯是在讚揚陳思成，只不過他從「反面口吻」切入，將觀眾們的情緒都拉到了最高點，讓大家為陳思成，同時也為黃渤本人提心吊膽起來。當黃渤逐漸把話說出口後，觀眾的情緒馬上得以釋放，懸在嗓子眼的心（按：形容極度緊張的心情）一下落了地，隨即明白黃渤誇讚的意義，也不得不讚嘆他的誇人藝術。實際上，自從《北京愛情故事》播出後，來自業內外人士的好話陳思成沒有少聽過，但像黃渤借助這種形式的誇讚，肯定是第一次，既聽起來悅耳，又有特殊的心理體驗。

雖然看上去只有簡單的一句話，卻對陳思成的顏值、演技和導演能力都給予了誇讚，又讓無關人士聽起來那麼幽默而自然，在沒有絲毫恭維的前提下，非常和諧的表達讚意，是一舉多得的絕佳說話水準。如果黃渤一上來就直接對陳思成說：「你長得好看，演得也好，想不到導演水準也很高啊。」這也沒什麼不對，可效果就會差了許多，說不定還會有人在心裡偷偷的想：「這還用得著你一個主持人，當著眾人的面說嗎？」

黃渤是個真誠的人，同時也是個極具幽默天分的人，在與朋友相處時，他總能以令人驚異的方式，真心實意的誇讚他們的優點。那些另類的讚美之詞，有著不言而喻的妙處，也往往會成為社交場合中難以被人忘記的亮點。

二〇一四年，黃渤和趙薇等著名演員共同參演電影《親愛的》，取得了不俗的口碑，女主角趙薇還憑此入圍第五十一屆金馬獎的「最佳女主角獎」，以及第三十四屆香港電影金像獎的「最佳女主角獎」。在之前的一次公開宣傳場合，黃渤就當著眾多記者的面誇讚趙薇：「**一開始你覺得老天爺是公平的，後來你發現，其實老天也不是太公平**，就是老天爺為什麼會給一個人如此的外貌，又給了她才華，然後這次又認識到了她的演技，所以你就覺得老天爺還是不公平的，我只是想把這種不滿傾訴給她聽。」

黃渤當著媒體的面誇讚趙薇的這段話，與他說陳思成的那段話有異曲同工之妙，都是從一個讓人意想不到的角度出發，最後在給人們驚喜的同時，誠懇表達了讚揚別人的初衷，聽起來一點也不生疏見外，也很少為誇讚的對象帶來尷尬。

與黃渤相比，你平時又是怎樣誇讚別人的呢？你在誇讚了別人後，可能明明說的是真心話，但是否連自己都會覺得很「膩」，從而讓雙方尷尬呢？是的，誇人是社交場合非常常見的行為，因誇人不到位或者方式不和諧而沒有獲得該有的成效，也是非常常見的現象。很多時候，我們的尷尬不是因為在社交場合不小心落入了於己不利的氛圍中，而恰恰是因為自己的不會表達，而讓好心好意看上去喪失了最關鍵的色彩。

所以說，就算要誇讚別人，也需要說得好聽而別致，需要講究藝術，以達到完美的讚揚效果，烘托出最理想的社交氣氛。用好的形式表述好的內容，取得好的效果，真的是值得我們研究和學習的地方。

4—開玩笑，是最難把握的社交技巧

掌握好分寸，對大度的人開大度的玩笑，是社交場合中的險招，但同時也是個妙招。

「開玩笑」，這是我們在日常社交中最常聽到的短語，也是特別常見的交談方式。當然，這也是最難把握的社交技巧之一。

開玩笑之所以難把握，原因有三：

其一，每個人的習性不同，心胸有別，在乎與注重的方面也各有側重，這就決定了人們對玩笑的接納程度、對玩笑內容的接納範圍，都有一定的差異。因此，針對不同的對象開同一個玩笑，便會產生不同的作用，引發不同的反應。在開玩笑前，為避免因玩笑而造成誤會，就需要對交流對方有個基本的了解，而這一點恰好比較困難。

其二，社交場合之所以能建立起來，就是因為人們賦予它一定的作用，不同的社交場合，有不同的作用，也就有不同的風格，比如寬鬆隨意型、熱鬧活潑型、嚴肅正式型等等。正如對不同的人要開不同內容或程度的玩笑一樣，在不同的場合開玩笑，同樣也要掌握場合風格，不能完全靠著自己的個性來自由發揮。俗話說：「江山易改，本性難移。」要結合不同場合風格來對自己的玩笑進行約束，也是件不太容易的事。

其三，在一定的社交場合，一般都會有很多人同時出現，如果是針對群體開玩笑，也要講究適宜性，要把握適合大家共同接受的玩笑內容和程度，這也是難點之一。

在社交當中，如果玩笑開得適當而得體，往往可以產生意想不到的交流效果，能夠突顯個人的說話張力，為社交氛圍增添不少情趣，也能對自己和他人的社交心緒起到一定的刺激作用，從而在客觀層面激勵大家更加輕鬆愉快的交流。反之，如果玩笑開得不夠恰當，則會為社交增添不必要的麻煩，影響社交效果和交流者的心情。

因此，會開玩笑不僅僅指能夠以詼諧幽默的方式說話，更重要的是學會把握分寸。向來以會說話和話多聞名的黃渤，會開玩笑也是他說話的長處之一。對於那些娛樂精神欠佳的人，他從來不會越雷池一步，但是如果遇到與自己類似、一貫大度幽默的人，他也從不會嘴上留情。

二〇一二年四月初，央視綜合頻道節目《謝天謝地你來啦》舉行首播發表會。當時正值由管虎導演，黃渤、王迅和梁靜等人主演的電影《殺生》即將上映，作為製作團隊成員，他們也被請到發表會現場，而黃渤和王迅還受邀成為當年第一期《謝天謝地你來啦》的特別嘉賓。

在發表會上，《殺生》製作團隊接受著名實力派主持人崔永元的特別專訪。崔永元向來以風趣幽默和「嘴上功夫了得」而聞名，當他與黃渤相遇時，自然就會碰出令人叫絕的鬥嘴火花。

當著眾多大腕和攝影鏡頭的面，崔永元毫不諱言的問：「黃渤在接受記者採訪時，好像說過一句話，就是說：『**跟管虎導演合作過以後，才知道以前跟我合作的導演都是混蛋。**』你為什麼要說這樣的話呢？」

崔永元果然名不虛傳，臺下很多人已經開始發笑，有的人也鼓起了掌，還有人馬上愣住，他們的頭腦肯定都在急速思索，黃渤到底會怎樣應答這個刁鑽的問題。

黃渤自己也笑了，面容還有點錯愕之意，不過他馬上就回過神來，鎮定的回答說：「對，因為管虎導演讓我知道了一個道理，什麼叫『置於死地而後生』。你知道嗎？以前別的導演給我的順境太多了，其實對於一個年輕演員的成長來說是不利的。比方說，（管虎）導演把我放到那麼危險的地方，也沒有保險，也不做威亞（按：意指吊鋼絲），也不做保護，讓我從上往下跳。別的導演為什麼做不到？我現在想起來就恨，真的。」

向來以反應快著稱的崔永元，也絲毫不放過每一個抓人說話把柄的機會，他聽黃渤說到這裡，立刻又問道：「但是好像你還跟記者說了那樣一句話，你說跟管虎導演合作過，什麼樣的混蛋我都不怕了。」觀眾又同樣騷動起來，臺下坐著的王志飛、馮雷等演員都直盯著黃渤，估計也為他捏了一把汗。

黃渤說：「對⋯⋯」崔永元又逼問一句：「是你說的吧？」黃渤說：「當然是我說的，我當著導演面說的，對不對？因為導演有個小名，你跟他不熟，我經常去他們院裡邊，人們都那麼喊呢：『啊喲，小混蛋，來來來。』他爸他媽也這麼喊，有時候叫他混混，有時候叫他蛋蛋。」

崔永元接道：「其實是個暱稱？沒有那個難聽意思哈？」

黃渤說：「不難聽，因為小時候就根據這個人的秉性起的名兒。哈哈。」

崔永元接著說：「秉性啊？對。而且我知道，其實黃渤也有三個這樣的名字，你們想聽看看嗎？」

臺下觀眾大聲應道：「想。」崔永元轉向黃渤說：「告訴大家。」

黃渤說：「對，其實前面兩個還都行，對於別人給我起的最後那個名字，那個綽號，罵人罵得太狠了，太髒了，我覺得電視臺能播夠嗆，這讓說嗎？」

崔永元作勢把右手放到耳朵處，湊過去對黃渤說：「先試一遍。」

黃渤說：「不不不，我覺得這樣跟你說都侮辱你。你說，說什麼不行，見了面兒罵得這麼狠。一見我面兒就叫我『崔永元』，我心說你才『崔永元』呢！」

觀眾們瞬間哄堂大笑，被黃渤機智異常鋪陳了這麼久後所抖出來的大包袱惹得前俯後仰，連崔永元自己都笑著彎下腰，然後拍了拍黃渤的肩膀，一邊苦笑著，一邊趕緊走到舞臺邊上。

就事論事來說，黃渤針對崔永元的玩笑開得有點大，若換作其他氣場稍微弱一點的人，可能會出現尷尬的場面，但身為主持界資深大咖的崔永元，即便沒有直接應對，可他所採取的處理方式，也顯得非常自然，既配合了黃渤的玩笑，又避免場面陷入不好的境地。

黃渤也正是看中崔永元是個具備娛樂精神的人，是個一向富有情趣的大度之人，才放鬆的**開出這個大度的玩笑，「回擊」了對方所提的刁鑽問題**的同時，也表現出他非常機智和幽默的一面。兩位利嘴名角你來我往的一場「較量」，引得很多人拍手稱快。

黃渤之所以對崔永元開這個玩笑，還有一個原因，那就是作為之前崔永元對他的兩度「逼問」的回應。的確，崔永元問出的兩個問題很具有殺傷力，幸虧被問的人是黃渤，他絲毫沒有辯駁也沒有找藉口，而是真誠的承認他所說過的「導演是混蛋」的事實，而且還給出令人信服的解釋，其中又不乏一定的玩笑色彩，沒有對現場氛圍造成絲毫破壞。黃渤也正是在與崔永元的「交鋒」過程中，在心中進一步確定崔永元屬大度的性情中人，也因此有了後來的那個玩笑。

掌握好分寸，對大度的人開大度的玩笑，是社交場合中的險招，但同時也是個妙招。它與其他各類社交技巧一樣，只要運用到位得體，就能夠起到非常有利於社交氣氛的作用。如果不能確定對方是否經得起你想開的玩笑，或不能確切的了解對方的為人和品行，你也可以學習黃渤，在之前細心體察一番，或者還可以直接借助甚至製造機會「試探」對方，一旦你確定他是個大度的人之後，就可以把他當作能夠肆無忌憚玩耍的小夥伴了。畢竟，我們的生活和工作都充滿了挑戰，能夠在社交中互相開開玩笑，放鬆一下緊繃的自己，也算是一件如同魚兒鑽出水面透透氣般的好事吧。

5—遭遇無奈是不需要回應的

面對不想回答的問題，黃渤馬上說：「你說什麼，我可以沒聽見嗎？」

你有沒有遇到過這樣的人生體驗：在大庭廣眾之下，大家都其樂融融的聊著天，卻忽然**有人向你問起非常不合時宜的問題，或者提出你非常不願意被公開談論的隱私話題**？我敢肯定，你一定遇到過這種情景，因為這種現象太常見了。

對待這種事情，人們的一般做法有兩種，一種是礙於情面，硬著頭皮回答問題或參與討論；另一種則是立刻拉下臉來，帶著情緒向對方宣告：請按套路出牌。無論哪種方式，都一定會有人不舒服。**配合別人，就會為難自己**，而且在這種事上配合別人，肯定沒辦法坦誠以待，總要想方設法出點招數來應對，就難免讓自己心上生結；若正面宣告，就會得罪人，遇到刺兒頭（按：不好對付的人）還可能為整個社交環境帶來不好的影響，受到無關人士的討厭和譴責，到頭來還是自己吃虧。

那麼，這就陷入了一個無奈的境地。遇到此類情況，到底該怎麼處理才算是最明智的做法呢？

毛澤東寫過一首《西江月．井岡山》，其中有這樣兩句：「敵軍圍困萬千重，我自巋（按：音同「虧」，高大獨立的樣子）然不動。」鄭板橋也有首詩說：「咬定青山不放鬆，立根原在破岩中。千磨萬擊還堅勁，任爾東西南北風。」把他們在詩詞中闡發的道理綜合在一起，也許我們可以找到處理無奈的最好辦法：無論敵人有多少，有多厲害，無論狂風在哪個方向大作，總之只要你自己感覺到「八面埋伏」，就採取「巋然不動」的措施，連以靜制動都沒必要，完全不去理會便罷。遭遇無奈時，絕對不回應，在很多時候便是最好的應對方法。

二〇一四年六月，黃渤在電影《親愛的》的一次宣傳活動中，與爭相問問題的記者們熱烈互動，忽然有一位記者問起了與活動完全無關的問題，而且還直接涉及黃渤的家庭隱私：「**聽說你妻子即將臨盆，要去美國生孩子……**」當時，現場主持人聽到這個問題後，立刻出言阻止：「問電影相關的問題好嗎？謝謝。」而那位記者卻依然不饒人，揪著不合時宜的問題不放。

面對如此情形，站在聚光燈之下的黃渤必定頗感無奈。一方面，這明明是一場電影宣傳活動，涉及的私人話題過多就會偏離活動主題，影響活動目的，就算接受你關於其他方面的採訪，也不該在這個時候；另一方面，如此隱私的問題，從記者嘴裡問出來，無論語氣如何，自然就帶有一定的侮辱或挑釁色彩。不過黃渤並沒有露出不悅的表情，而是一直面帶微笑，對著全場說：「換個問題吧。」

對娛樂記者來說，總要想盡辦法挖到與明星有關的一切話題，甚至越隱私越好。為達目的，很多記者比較急功近利，往往會在公眾場合不注意分寸、不考慮環境，從而失去原則，讓公眾人物難堪。從職業角度來看，自然有合理的成分，但如果真正懂得換位思考，多考慮道德層面的因素，就不會不分場合的去「挖猛料」。其實，一個高素質的好記者，首先本就該是一個會為採訪對象考慮的人，是一個能夠抓住一切採訪機會，但同時又能把握採訪場合和分寸的人。身為娛樂記者，保護演藝人員本就該是自己的一項義務才對。

不過話說回來，娛樂記者也通常被看作是在從事一項對偶像幻滅的職業，他們經常與明星近距離接觸，很容易發現明星的缺點或弱點，也時常會感受到來自明星一方的不公平對待，很多情況下也實屬不易。再加上職業競爭和媒體要求等方面的原因，也在一定程度上，促成一些娛樂記者在採訪時急功近利的表現。

身為明星，同樣該有一份義務，那就是在公眾場合遇到採訪時，能儘量予以配合，而不是自覺優越和趾高氣揚，這也是職業範疇內的事。當黃渤在遭遇那樣的無奈時，仍然一臉誠懇的微笑，友好的讓記者換個話題，本身也是對提問者的尊重——無論對方是有意還是無意的施加壓力，都只和對方的職業水準與操守、道德觀念、採訪心態等因素相關，不應該以同樣不健康的方式，去應對對方的失誤或錯誤，如若不然，就會出現問題。

在一個採訪互動的場合，如果提問者與被問者雙方都偏離軌道，只會引發一個結果，那就是或輕或重的「兩敗俱傷」。我們經常會在網路上看到，有些明星因為不能很好的應對記者的刁鑽問題，從而失去理智和自我控制能力，導致後續更加不利於自己的結果。

曾有一位著名導演，因為記者提出的問題傷及到顏面，而直接當眾爆粗口；有一位當紅女歌星在記者問出「你如此追求完美，是否有一點兒強迫症？」時，立刻變臉罵道：「你才強迫症呢，你全家都是強迫症。」還有一位明星在接受採訪時，被問到自覺不合適的問題後，當即甩手離開現場，只留下一群面面相覷的記者……如此現象，不勝枚舉。誠然，出現這類情形，不管記者的原因占比多大，但身為公眾人物，也確實非常失態，這都是因為沒有處理好無奈境況所致。

社交是非常複雜的人類活動，你經常遇到自覺無奈的窘況，是再正常不過的事情了。如果你一直順風順水，沒有體驗過無奈的感覺，那才叫不正常。關鍵是，當你在無奈的時候，能夠忍住可能的委屈和不舒心，做到不去直接應對，才是社交水準的重要體現。我們都非常熟悉的名著《紅樓夢》中的主角之一薛寶釵，就是位高手。

有人說，薛寶釵是個城府很深的人，能夠隱忍多年，最終達到自己想要的目的。我們不論這種評價是否客觀，僅從表現來看，如此作為就需要非常寬大的度量，以及特別高超的生活技藝。當她命中注定的「死對頭」林黛玉一次次當著眾人為難她時，她大多數時候只做一件事，就是不去回應。她**要麼直接沉默，一笑了之；要麼岔開話題，環顧左右而言他**。總之，最終感覺無趣的還是林黛玉自己。在整個賈府上下，無論主子還是各個等級的僕人，對薛林二人的感覺與評價，除了她們身邊的人以外，基本上都呈一邊倒的態勢，薛寶釵的溫和與識大體有目共睹。說到底，原因之一就是她在遇到無奈時，懂得主動「避讓」，以不回應的方式處理問題，以維持和諧共處的社交氛圍。時間久了以後，體現的就不是什麼城府多深，而是寬廣的心胸和高於常人的意志力，絕對是正能量。

6——模仿是表達的最佳幫手

一些言語不通的人在交流時，會透過對事物的模仿，來完成自己的訴求，對方也能因此明白彼此的意思。

在現實生活中，有很多特別善於模仿的人，即便他們平時不精於用自己的語言表達內心的想法，但總能透過唯妙唯肖的模仿，達到傳詞達意的目的。更多的情況是，大多數善於模仿的人，本身在語言表達方面也比較擅長，而通常借助模仿，能夠更加生動、貼切、有效的使聽眾對自己的表達一目了然，而且還能製造出特殊的幽默效果，調動出對方的開心點，為別人帶來意想不到的快樂。所以說，模仿是語言表達的好幫手。在你說話的時候，如果情況允許或者有必要，不妨適當的運用一些模仿，來增強說話的感染力。

在中國古代，有一位著名的辭賦家，以詼諧幽默、機智善辯的形象在歷史上大放光彩，此人便是生活在漢武帝年間的東方朔。據說，東方朔之所以善於辯論、長於言說，除了他頭腦聰慧、讀書萬卷、博學多識以外，還有一個長於別人的本事——善模仿。

《漢書》中記載，東方朔任職常侍郎（按：僅是虛銜，多為皇帝寵幸的臣子）時，有一年夏季，漢武帝特意賞賜眾臣一頭宰割完畢的牛，供大家分而食之，以示恩惠。要說這麼點肉，在當官的人眼裡根本不算什麼，但這畢竟是皇帝的賞賜，吃肉事小，榮耀才重要。但沒想到，肉雖然早早就擺了出來，可奉詔分肉的太官丞卻因事耽擱了時間，遲遲沒有出現，一大幫朝廷官員只好圍在一起乾等，畢竟朝廷有朝廷的規矩。可東方朔卻不幹了，他對同僚們說：「伏日當蚤歸，請受賜。（這麼大熱的天，應該趕緊回家休息才是。請恕我先領了賞賜吧。）」說完，自己拔劍割了一塊肉，拎著逕自走了。

第二天，就有人把這件大不敬的事彙報給漢武帝。漢武帝對東方朔提出質問，東方朔趕緊脫帽跪地謝罪。漢武帝說：「你起來吧，先自責一番。」於是，東方朔模仿著別人的口吻，責備自己說：「朔來！朔來！受賜不待詔，何無禮也！拔劍割肉，一何壯也！割之不多，又何廉也！歸遺細君，又何仁也！（東方朔啊東方朔，你受了賞賜卻不等詔令，也太無禮了吧！你拔劍割肉，多豪壯啊！割的肉又不多，多廉明啊！割肉後回家給夫人吃，多仁愛啊！）」他這一番話說完，連高高在上的漢武帝都忍不住笑了，隨後還單獨給東方朔賞賜了一石酒和一百斤肉，讓他拿回去送給夫人。

在一個皇權為大的時代，如果沒有按照朝廷的規矩辦事，說嚴重點就是欺君之罪，什麼後果都有可能發生。但是，東方朔卻以詼諧的方式，變相的讓皇帝明白，此事不足掛齒。皇帝讓他自責，他並沒有直接罵自己不該怎樣，而是**模仿另一個不是他自己的人，用別人**

的口吻替自己進行了一番實質性的辯解，最終因禍得福。實際上，在東方朔的一生中，他靠著這樣的小伎倆，化解了很多次的個人危機，同時對皇帝所做的許多事，都起到一定的勸諫作用，最終也使自己得以青史留名。我們不能完全確定這些史料或傳記的真假，也不能說東方朔的模仿能力對他解決問題有多大的便利和好處，但值得說明的是，模仿在很多情況下，都比平淡無奇的表達要更加有效。

二〇一三年二月，黃渤受邀出現在東方衛視的春晚現場，向全國電視觀眾獻唱了幾首歌。了解黃渤的人都非常清楚，他在出道演戲之前，曾有過好多年的歌唱經驗，有著頗具實力的唱功，當晚的表現就再度讓人們領略了他的歌唱本事。隨後，明星林志玲登臺，與黃渤一起成為了當晚的重要亮點之一。正是在那段時間，由黃渤和林志玲主演的電影《一〇一次求婚》風靡全國，兩位主演理所當然的成為被眾多場合邀請的重要人物。

當林志玲登臺與黃渤站到一起後，兩位主持人隨即以電影為話題，開啟歡快的聊天模式。女主持人對男主持人說：「他們演的是《一〇一次求婚》，你想不想看一下，黃渤在生活中是如何和劇中不一樣，作為一個男人向志玲求婚的呢？因為在劇中，他是被志玲求婚，那在現實生活當中，我們比較正常的都是男生向女生求婚。」男主持人緊跟著開玩笑說道：「是啊，而且在現實生活中，不太可能有志玲向黃渤求婚這樣的事情發生。」

黃渤笑著應道：「誰說的？但這也正是難點，在現實中我也不知道，她會接受什麼樣的求婚方式，或者說喜歡什麼樣的男生。」隨後，女主持人說：「其實黃渤演過很多有意思的男性角色，我們都知道。這樣好不好，今天我們就請黃渤，以他曾經演過的那些角色，和那些奇怪的人物個性，來試試攀登一下『珠穆朗瑪峰』（指向林志玲求婚）……來，《瘋狂的石頭》裡面的先來怎麼樣？黑皮。」

《瘋狂的石頭》是寧浩導演在二〇〇六年的一部作品，黃渤正是靠著這部電影，成為大家熟知並喜愛的演員。女主持人說完後，黃渤馬上開玩笑道：「先說好了哈，我們是在臺上，不允許打人的。」一句話讓現場氣氛立刻更加活躍起來。緊接著，黃渤就開始了氣場強大的模仿。「黑皮呀，是這樣。」說著，他在瞬間就換上《瘋狂的石頭》男主角黑皮的口吻與動作：「費那點兒事幹什麼，直接抱著跑了就行啦。」語氣和動作正是那個活脫兒的黑皮，現場觀眾被逗得哈哈大笑起來。

男主持人又提出要換一個「極致一點」的角色：「他在《泰囧》裡面的那個變神經質的，我覺得。」女主持人補充說：「就是脖子一直在抽筋的那個嗎？」男主持人還隨即拿出一副眼鏡遞給黃渤，因為在《泰囧》中，黃渤飾演的角色就戴著眼鏡。黃渤見此情形，索性更加「專業」一些，又跟主持人要了一枚戒指戴在手指上。仍然是在片刻間，他就變成一本正經卻帶點神經質的另外一個人：「小姐，如果你打算嫁給我的話，我可以考慮把這個戒指送給你，鑽石的克拉數還不小啊。」表演完後，他接著笑道，「我自己說完了，都想抽自己。」再度引發熱烈的掌聲。

女主持人下一個提出的是《民兵葛二蛋》中的葛二蛋。黃渤說：「葛二蛋就是對一切美好的事物有好奇心——喲，這個大妹兒挺漂亮的，林志玲啊，你要不然嫁給我當媳婦兒吧。」略帶尖細的聲音，又讓女主持人聯想到演員王寶強：「聽著感覺好像王寶強在旁邊幫他配音。」黃渤說：「其實你還別說，寶強的風格也還不錯啊。」這句話立刻引起女主持人再度要求：「你要不要試試看。」不等她說完，黃渤就開始了：「王寶強的風格應該是比較害羞的，比較真誠的那種，眼睛會往上看——嗯，志玲姐姐，你要不然嫁給我吧。」

黃渤的聲音一出來，全場轟動。他不僅模仿出與王寶強非常相像的聲音，而且連表情和神態都神似。兩位主持人早已忍不住，大笑著喊道：「好像啊！」旁邊的林志玲也笑著一邊捂嘴，一邊說：「好像啊，好像，真的好像。」女主持人還沒有讓這場「超級模仿秀」結束的意思：「志玲，你要回應啊。」林志玲故作思考狀，說道：「好難啊，讓我想想——不要。」黃渤趕緊繼續模仿王寶強：「但是我會做飯，我會給你做飯吃。」

從頭至尾，笑聲不斷。黃渤的每一次模仿都能做到「穩、準、狠」——穩，代表的是他游刃有餘，可以非常大氣的演繹；準，代表的是他表情和姿態都非常到位，直接體現的是超群的演技；狠，代表的是他能夠說變就變，迅速進入角色當中，並把角色的特點略帶誇張的展示出來，讓人一瞧就感覺特別像。這有點像漫畫大師，透過人物臉部簡單的一、兩個特點，就能勾勒出整個相貌，而且異常傳神。

經過一連串精準到位的模仿，黃渤在林志玲的配合下，活靈活現的演繹好幾個人物，特別是對王寶強的模仿，更是出彩。作為觀眾，即便對王寶強本人和他的表演特點不太熟悉，也能直接在黃渤的模仿中揣度出個大概來。而這，無論用什麼樣的語言，無論由多厲害的一張嘴來說，都不一定能夠精確傳神的表達，這就是模仿的力量。

我們在電影電視中也看到過，一些語言不通的人在交流時，有時會透過對事物的模仿，來完成自己的表達訴求，而對方也能夠因模仿而明白彼此想說的大致意思。說著同一種語言的人們在交流時，有時也可以適當摻雜一些模仿，既能活躍社交氛圍，營造更輕鬆的聊天環境，更重要的是，還能**借助模仿來補充自己在言談表達上的不足**，讓自己內心最想被人所知的那部分內容，以最易讓人讀懂的方式傳達出來。

7——對方正經八百很難聊，他能順勢開玩笑

說話，如果只有一種語氣，始終一個調子，
無論你講述的內容多麼豐富，都會因為語氣而大打折扣。

「語言鮮活」，這是一個常見的概念，卻也是一個在日常交流中非常難達到的標準。要想活靈活現的把事情講得妙趣橫生，沒有扎實的「嘴上功夫」和對事情本身的深入理解，甚至沒有積極向上的性格特徵，都是萬萬不可能做到的。

黃渤給人的印象一貫都風趣活潑，能言善道。在演藝界的公開活動中，無論範圍是大是小，只要有黃渤參加，彷彿都能帶去輕鬆歡快的因子，增強社交場合的氣場。黃渤說話生動鮮活，總是能把自己個性中積極向上的一面，透過語言表達傳染給其他人，從而使得整體社交氣氛發生改變。有時候，一起交談的人如果稍顯沉悶，或者談論的話題稍顯枯燥，都極其容易讓現場氣氛變得壓抑起來。遇到這種情形，黃渤總能用幾句生動鮮活明快的

話，扭轉整個氛圍，讓人頓時有種鬆了一大口氣的輕鬆感。

二〇一二年，黃渤和導演管虎，以及管虎的妻子、著名演員梁靜一起，受邀參加《魯豫有約》。在節目現場，每當訪談稍顯沉悶時，只要黃渤開口說話，氣場立刻會變得不一樣，現場觀眾的笑聲與掌聲也會跟著熱烈響起。

當談到家庭生活與個人理想，以及夫妻之間和諧共處的話題時，梁靜說：「我覺得生活的這種點點滴滴，真的會磨滅一個人對理想的那種堅持，尤其是嫁給這樣的男人，他很有理想，很有就是……我應該保護他的這種東西。」

主持人陳魯豫道：「這樣的女人很偉大，我覺得。」梁靜趕緊說道：「不不不，我一點兒不偉大。首先，我自己是一個骨子裡還是比較傳統的人，我真的覺得男人偉大，就是你家裡頭，男人是主要的。當然如果說我真的是不幸嫁了一個小男人，比我弱的，那我一定也能撐起這片天，但問題是我嫁了一個大男人，所以我就做小女人。」

陳魯豫說：「他比較高，讓他撐著唄。」坐在沙發另一頭的管虎說道：「確實如果天天為這些瑣事爭爭吵吵，這人都瑣碎了。」

此類話題，因為本身具有一定的深刻度，很容易將談話人引往深沉的方向，所以現場氣氛稍微變得有點不太愉快，大家似乎都一臉嚴肅的表情。此時，黃渤一邊用手比劃著一邊說道：「人都可以這樣說，我不能，我是幹大事的人，刷碗？開玩笑呢，絕不！」這句話並不長，也不怎麼體現微言大義，但在此時的氛圍中忽然講出來，一下子注入了一劑強心針，臺上臺下立刻熱鬧起來，不斷發出笑聲和掌聲。陳魯豫也不禁說：「這臺詞好，以後我也這麼說：刷碗？絕不！」大家又開始輕鬆的聊開了。

過沒多久，陳魯豫向管虎提了一個問題：「那我再問一下管虎，剛才黃渤說，你以前說：『什麼結婚、什麼孩子，把我綁住是不可能的』，那後來為什麼這個人就能夠把你給改變了？」

一貫沉穩的管虎答道：「有一天，特別有意思的一個契機，我們倆那會兒是怎麼回事呢？好像是在海灘上度假，我記得有那麼一個影像感。然後，有一個小孩兒，別人的小孩兒，提著個沙桶在那兒跑。然後梁靜——我估計她是無意的哈——她說，你看**這孩子要是衝你跑過來，叫你爸爸，什麼感覺**？她說完就過去了，這事兒給我印象特別深，所以我說生活中可能某一個特別偶然的契機，一下子就能動了這個心思了。（我想）不行，得結婚了，得要孩子了。這叫什麼？後來我想，這事兒它就是長大了。」

雖然管虎是講了一件過去的小往事，但其中傳達的意思，對他本人卻有一定的深意，再加上他性格中就似乎有那麼一點深沉，所以現場氣氛又變得沒之前活絡了。

陳魯豫接著問梁靜：「當時，梁靜你說，那個小孩跑過來叫爸爸，你會怎麼樣？」梁靜回答：「我不記得這個畫面了。」黃渤又問道：「你當時不是以一個懷疑的態度說這件事吧？」陳魯豫接著說：「可能就是一種感慨？」

這時候，黃渤鮮活的語言特色又不可抑制的流露了：「我剛才聽了差點兒樂了。我說他為什麼對這件事情印象那麼深，說突然一個小孩兒拿著沙桶跑過來，叫你爸爸。嚇一跳，這是什麼時候的事兒？」全場馬上笑著鼓掌。梁靜也笑歪在沙發上，說道：「這就是朋友啊！什麼玩笑都能開。」

訪談進入到後半段，黃渤深情並茂的講起他們在拍攝電影《殺生》時，因為晚上地震而發生的故事：「去（拍電影）之前就開始地震，土石流什麼的。最開始之前，突然有一天晚上，我就聽到『叭』的一聲，好像有人晃我似的。我一看那個平板電腦已經拍倒了，然後整個（房間）都在晃。之前也剛大地震完，我們住在六樓，沒有電梯。我趕緊起來，心想說壞了，我敲管虎的門：『**老虎，老虎，地震了，地震了！**』這哥們兒貓著門一看，說：『啊？我知道，沒事，經常震。』睡了。」在講述的同時，黃渤還做出蓋被子睡覺的動作。陳魯豫也聽得如同身臨其境，說：「啊，太鎮定了。」管虎回答：「習慣了。」

黃渤之前多次介紹過，管虎是個非常嚴厲且執著，又特別有電影理想和追求的導演；參演他執導的電影，往往要比其他很多導演的電影辛苦得多，特別是在拍《殺生》時，加上劇情原因，演員們每天都會累得不成人樣。在如此情形下，發生地震這樣危及生命安全的事，即便是虛驚一場，大家都安然無恙，但事後回憶起來都難免心有餘悸，可從黃渤口中講述出來，除了能讓觀眾彷彿身臨其境以外，感受更多的則是辛苦和危險之中夾雜的那些特殊樂趣。也就是說，黃渤透過鮮活的講述，把一件讓人覺得心驚肉跳又頗感僥倖的往事，講得活靈活現、情趣橫生，讓聽眾感受到一種特別的體驗。

要想給「鮮活的語言」下定義，或者直接告訴別人什麼是「鮮活的語言」，好像沒辦法實現。我們只要在日常社交中體驗和感悟，或透過觀察別人的交談過程來體察和學習，就會發現那些能夠活躍氣氛、增進交流，又能博人樂趣、使人在輕鬆愉快的狀態中受益的語言，基本上都比較鮮活。我們也可以藉由一些實作性的方法，使自己的口語表達變得鮮活起來。

一、語氣抑揚頓挫

在說話過程中，讓自己的語氣抑揚頓挫，而不要一直平淡陳述，即便你大腦中儲存的詞彙量較少，也通常能使你的表達鮮活起來。這就好比寫文章，不管多好的故事情節，如果只是平鋪直敘，一定會大大缺乏可讀性。說話也一樣，如果只用一種語氣，始終一個調子，無論講述的內容有多麼豐富或離奇曲折，都會因語氣而大打折扣；反之，如果你可以讓語氣抑揚頓挫起來，哪怕你所說的沒多少實質內容，也會因語氣本身的感染力而顯得精彩許多。

二、適當結合表演

我們所說的表演，並非大張旗鼓的使用很多姿勢和動作，加入比較誇張的面部表情——那樣反倒會令人覺得你有輕浮嫌疑——而是在你的說話過程中，適度**添加一點肢體語言**，既讓聽眾不覺得你很花俏，又能對你的表達起到一定的輔助作用。這樣的適度表演，還能夠使你的心態變得輕鬆，進而也能帶動和刺激你的說話心緒，使表達得以更好的發揮。

三、恰當使用修辭

修辭方法的使用，不僅局限於寫作當中，同樣也適用於日常的口頭表達上。試想一下，當你無法用恰當的語言表述想說的內容時，如果忽然用一句俚語、歇後語、雙關語，或者一個比較精確的比喻、一串氣勢很足的排比句等等，都能立刻增強你說話的感染力，使你的語言頓時鮮活起來。不過，使用修辭手法，貴在恰當，如果你只是為了使用而使用，也會因用詞不當而鬧出笑話。同時，恰當使用修辭，也是對你平時語言詞彙積累的考驗。只有自己提前儲存於大腦中，才能恰逢其時的信手拈來。從這個意義上來說，要想讓自己的語言變得鮮活，也離不開平時的學習和積累。

四、調動歡快情緒

你或許有過無數次這樣的體驗：當你心情不好時，做任何事情都提不起興趣，也會嚴重影響到你的做事效率和發揮水準；當你心情愉悅時，會對一切事物充滿好感，還總會產生積極做事的衝動，而做起事來也往往能發揮出超常的水準。這就是心理因素的巨大作用。

在日常交流當中，要學會善於調動自己的正面情緒，讓心情始終處於歡快狀態。在好的心情支配下，你會更加放鬆、更加積極，也似乎會變得更加聰慧，要調動大腦中有益於你表達的那部分東西，自然也會更加順暢自然。如此一來，當一句句鮮活的語言從口中蹦出時，或許會連自己都不敢相信。

8——你說的話，體現你的思想

在社交場合之所以難以開口，很大一部分原因是我們不知道該聊什麼，究其原因是頭腦中的儲存不足，這就需要平常的閱讀累積。

我們討論一個人的說話藝術，其實最重要的並非是尋找他在說話時運用到的方法，或者體現出的某些可操作的形式，而是研習從他口中說出的每一句話、每一個詞之間，所透露出印刻在他大腦和心底，更深刻和重要的那些東西，比如思想、境界、格局、見識、見地、學識等等。只有將這些更能代表一個人水準的內在事物研究個大概，才能從中真正的學習到有益於表達的內容。

法國作家莫里哀（Molière）說過一句話：「語言是上帝賜予人類用來表達思想的工具。」德國思想家、劇作家、詩人歌德（Goethe）將這層意思說得更直白而透澈：「**並非語言本身有多麼正確、有力或優美，而在於它所體現出來的思想的力量。**」正所謂「你說的話，體現著你的思想」：內容空洞無物的語言，體現了思想的貧乏；內容飽滿而充滿思辨的語言，則體現了思想的豐厚。

黃渤平時在公眾場合接受訪談，給人最多印象的是機智、聰明、會說話。他的各種應變也常被人們拿來當作學習和追捧的案例，但很少有人能夠全面了解他的說話藝術中最該被重視的那一部分，即黃渤有著比一般人更深刻的思想見地，其中涵蓋一些有關自省、反思、憂患意識、對生活與工作的思辨性思考等方面的內容，這在他的兩段帶有內心獨白和剖析式的話語中有集中的體現。

第一段是黃渤在《人物》雜誌「二〇一四年度面孔」評選中，榮獲「年度娛樂面孔」稱號時所拍攝的一段影片中的獨白。近幾年，黃渤因為高超的演技和巨大的票房號召力而備受關注。高票房也成了他與媒體互動時，被經常問起的話題。他的這段獨白，正是從票房開始說起的：

「票房好，是你跟觀眾之間關係的一個量化表現——觀眾比較喜歡接受這樣的衡量標準。但是，這個不代表一切。所以你的表現、作品，它都跟時代有關係的。它給予你什麼樣的東西——你是一個個體——你也會因為這些折射出不同顏色的光芒來。

「我們的媒體，天天在提數字，所有的節目也都是，觀眾願意跟著聊的也是這些數字。資料好像能代表好多，都覺得它很有說服力。它的一個表現就是現在我們飛速發展、電影院的發展、觀眾群的膨脹等等。它不是你的一己之力，它也不是電影的所有，它只是電影的其中一部分。電影除了有娛樂屬性，其實還有很多其他的屬性。

「每一個人，或者說你的表現，在近階段的體現，其實都是時代的折射……我們也是時代的一分子，你也是文藝作品的其中一部分，那你自覺不自覺的就會有一些這樣的表現。這些東西是你從社會裡面吸取到的，你自然會不自覺的去表露。

「現在，我們的時代又有一些微妙的變化，就是所有人的內心狀況，整個所感受到的社會壓力等等，它都有變化。所以說，你折射出來的東西也不一樣，表現出來的東西也不一樣。我需要清醒，對於自己的清醒、目前狀態的清醒、創作角度的清醒。這種清醒有的時候不是說清晰。清醒，是一個態度，是一個角度。

「二〇一四年，我得到了無數的工作機會，得到了良好的市場回饋，或者說票房。但失去了大量的時間，失去了幾乎所有的休息，失去了思考的時間。挺不清醒的，也比較混濁，也比較迷茫。很早以前，早上起來睡醒覺，一打開窗，會有特別愉悅的那種感覺，就是你心底都覺著真好，新的一天又開始了。一天，喝杯水也好啊，怎麼著也好。突然發現，有的時候忙到早上起來一打開窗，一想到今天的工作，是一聲嘆息，這個就不對了。

「**工作的繁忙，節奏的緊張，所做事情的單一，這都是造成你不快樂的原因**，所以說後面給自己一些空間，讓自己多一些思考，做一些其他的事情，讓自己也快樂起來。

「其實，你現在所得到的這些東西，大家給予你的榮譽也好，大家羨慕你黃渤，你看現在真的挺好的什麼的。**這些東西你都沒有時間去品嘗，哪怕是虛榮的**，哪怕是這種沾沾自喜的小滿足呢，有點兒時間去感受一下，其實也挺美妙的。悲哀的是，連（享受）這些（的）時間也沒有。」

黃渤對自己締造的高票房現象的看法非常理智，他能夠在話語中很清醒的傳達出這種理智，而且透過思考個人與時代之間的辯證關係，表達出他對自己所代表的娛樂圈各類現象的認識，而這種認識也並非流於表面，而是客觀且深刻的。**如果沒有經常性的深入思考，是不可能在言談中如此到位的表達出來**。因此，看似簡單的話，背後全是內在的思想在支撐。我們在日常針對口頭表達的學習與訓練中，不僅要從表面的形式入手，更要重視內在素質的扎實積累，**「內功」永遠都在為外在表現出的「花拳繡腿」提供原動力**。

接下來，是黃渤接受著名時尚雜誌《時尚先生》採訪時錄製的影片內容，裡面涉及更多的是關於工作與生活、自由與擔當的思考，表述得既深入又淺出，亦彰顯他用話語表達思想的非凡能力：

「我是個人，我需要休息，我需要娛樂，我需要聊天，我需要喝點兒酒放鬆。

「幽默本身就是高級的，我覺得能演好喜劇是一件挺了不起的事。我覺得，喜劇演員要超乎於平時表演的倍數來完成一個角色。除此之外，你也希望，你能觸摸到不同的角色，你能把自己身體裡面的各種潛能發揮出來。

「我希望那個限制不是別人意識到的限制，我也不希望是自己給自己的限制，因為你不知道自己能不能做到，更何況別人也不知道你能不能做到。到二〇一四年的時候，覺著要死了，不是累。就是人承受有個極限，慢慢開始這個事情讓你變得不快樂了，那你就得很警惕這件事了。之前這明明是一個讓你充滿了興奮，充滿了鬥志，渾身充滿活力的一個工作。慢慢開始，一聽到後面有工作，就開始皺眉頭。

「這就是自然，它是個療程，生理（上）的疲乏疲勞，但隨著你不斷的透支你的腦力，你的創作力——藝術家也好，文藝工作者也好——都需要有空閒的時間思考、分析、判斷，然後他**需要有一些空閒在腦海裡發酵**，這個真的沒法是流水線，來一個活兒幹一個活兒，可是之前的工作節奏就是這樣。

「每個階段有每個階段的目標吧，今年就是休息一下，設備大修，保養一下。尤其在休息的這段時間，才知道以前遺落掉多少的小幸福和小美好。就比方說，以前去國外旅遊，或者說工作原因，雖然很匆忙，買了很多自己很喜歡的小東西，但回來都（放）在倉庫裡。如果今年不休息的話，我估計它在倉庫裡還得待幾年。

「工作是為了更好的生活，它是生活的一部分，結果把這事兒弄著弄著給弄反了。好好活著為了更好的工作，一直明白這個道理但一直也沒做到。不能完全沒有生活，不能把自己當成一個機器，無論你有多熱愛你的事業。」

隨後，採訪記者問：「你覺得你自己最『先生』（完美）的時刻，是什麼時候？」

黃渤笑答道：「睡覺的時候，睡覺的時候比較沒缺點，醒著的時候覺得自己（哪裡）都有缺點，責任也不夠，擔當也不夠，能力也不夠強，睡覺的時候能忘了這事兒。」

作為演藝界人士，尤其是一位正當紅的著名演員，不僅要演戲，還要管理自己的營利事業，其中的勞累程度可想而知。正因為對工作和生活之間那種剪不斷理還亂的關係有長期的真切體驗，黃渤才對這方面的思考相對深入，也比較系統化。所以，他的表達就顯得到位和深入人心，更何況他本身的口才能力也出眾。內外的優點結合起來，才是真正高品質的說話之道。

因此，我們可以毫不費力的總結出，要想練就扎實的說話本領，想從根本上提高說話水準，不僅要注重對一些語言運用的形式與方法的學習，更要將提高思想等內在素質作為一門不可或缺的功課來做。當然，要提高思想境界，並非一朝一夕的事，需要長期的積累和鍛鍊，而**最容易也最有效的方式，便是讀書和勇敢的實踐**。

閱讀是汲取知識和提高各方面能力的有效途徑。培養良好的閱讀習慣，充實自己腦中的文化含量，建構更深更廣的知識結構，自然就會儲存大量可以在日常交流中使用的內容。很多時候，**我們感覺在社交場合難以開口，很大一部分原因是我們不知道該聊什麼，究其原因是頭腦中的儲存不足，這就需要平時的閱讀積累**，再結合有意識的鍛鍊與提升的閱歷，就會為你的社交做好充分的內容準備。

至於勇敢實踐，指的是要拋棄各種心理障礙，抓住一切適於你表達的場合，把你的真實想法說出來。沒有一個人生來就能言善辯，也沒有一個人可以瞬間成為高手，只有透過不斷的扎實鍛鍊，才能在成長中提升。你或許會遇到各種冷眼和絆腳石，但從長遠來看，那都不是什麼，坎坷歷來都是增強人生厚度的元素之一。

有了一步一腳印的豐厚積累，加上一次次的勇敢實踐，你就已從內外著手，開啟了說話藝術的鍾煉。相信過不了多久你就會發現，在社交環境中，自己已經跟從前不一樣了。

9——說方言，可以讓你更有魅力

「天南海北飆方言，哥會的不只是青島話。」

世界上有兩百多個國家和地區、兩千五百多個民族。不同的國家、地區和民族，使用的語言不同。從聯合國和各國有關機構的統計來看，世界上的語言種類並沒有一個精確的數字，但至少也有兩千種以上，最多的統計資料顯示，可能會達到七千多種。按照最普遍的說法，世界上至少有五千多種語言。

這麼多語言種類，還不包括很多方言以及因使用人數較少、生存地區較偏遠、語言劃分較模糊等因素，而沒有被納入統計資料的語言。所以我們可以看出，語言作為人類獨有的交流工具，有著非常重要的作用。在特定的歷史階段，分別生活於特定區域內的人，因交流需要，發揮聰明才智，而創制了自己的語言，人們根本不會等到世界連成一片，才去創造大家一起使用的同種語言；當然還有更複雜的許多因素，共同造成目前語言種類的繁雜，總之都是因其本身作用巨大，才能發展得如此枝繁葉茂。同時，不同的語言在客觀意義上為人們的交流製造了困難，使用不同語言的人在一起無法正常交流，也就無法表達思想和感情，進而對使用不同語言的人們之間其他的和諧運作帶來很大影響。因此，當一群語言不同的人在一起時，如果有一個懂得多方語言的人，就一定會成為全場焦點，成為溝通交流的重要樞紐。

不過，隨著社會的發展，世界上各個國家和地區之間的聯繫越來越緊密，懂得多種語言的人也越來越多。尤其是受到社會政治和經濟等原因影響，英語、漢語、日語等語言逐漸變成很多國家和地區專門用來聯繫溝通的「共同語」，所以也在一定程度上，促成人們對少數幾種語言的學習傾向更加明顯，掌握這些語言的人也就更多了。雖然多會一種語言，就多掌握了一門技藝，吃香程度依然很高，但與以前相比，會一些外語已經比較司空見慣。與此同時，多掌握一種或多種語言，逐漸為人們的社會交流增添了額外的一些特色，即娛樂性。

也就是說，多會一種語言，在社會互動過程中，除了使用它本身的功能外，還能為交流場合增添不少帶有娛樂色彩的氣氛。特別是，在一個使用同一種語言的交流場合，如果有人**對方言掌握得比較多，更能營造許多樂趣**，同時也能增強自己的說話氣場；因為方言是出自該種語言的變體，大家不一定都會說，但基本上都可以聽明白大致意思，方言又具備自己的特色，一旦從口中表達出來，自然而然就會產生喜劇效果，強化交流的氣氛，從而促進人們之間的交流，而說話者自己也因此而釋放更多更大的社交魅力。

黃渤就是一位頗具方言天賦的人。在最初出演的電影《上車，走吧》裡，黃渤使用膠東（按：中國山東省境內膠萊河以東地區）方言初顯身手後，他拍攝的很多電影和電視劇中，比如《瘋狂的石頭》、《大灌籃》、《瘋狂的賽車》、《鬥牛》、《無人區》、《末路天堂》、《奇蹟世界》、《高興》、《新街口》、《殺生》、《民兵葛二蛋》、《黃金大劫案》等等，都曾用方言詮釋了一系列底層角色。而且，他還不只使用一種方言，其中涉及青島、膠東、陝西、東北、北京、天津、四川方言等等。也許是緣於拍戲時的歷練，黃渤在其他很多場合，都適時展示過自己的方言水準，令人在知曉他出色的語言表達能力之外，還看到了一個在語言使用上多姿多彩的黃渤。

二〇一一年七月，著名主持人曹可凡在《可凡傾聽》節目中採訪黃渤時，就提到過：「其實人們說起黃渤，除了你的形象有特徵之外，還有你的語言。比如你在很多戲裡，會說一口山東話，那是你的一個標誌。我知道你除了山東話之外，其他方言說得也不錯。」然後，他特意問黃渤：「是不是有語言的天賦？」黃渤回道：「相對好一點兒，我覺得主要是自己喜歡，在影視劇的創作裡邊，我覺得方言有時比普通話可能更生動一些。」

隨後，曹可凡便出題考起黃渤的方言水準。他遞給黃渤一張紙條，讓黃渤用不同地方的方言來讀一遍。黃渤隨後用青島話、膠東話、天津話、陝西話、四川話分別讀了普希金的詩歌《假如生活欺騙了你》中的幾句：「假如生活欺騙了你／不要悲傷，不要心急／憂鬱的日子需要鎮靜／相信吧，快樂的日子終將會來臨。」雖然除了家鄉方言青島話之外，其他方言聽上去都不算特別正宗，但也說得有滋有味，引得曹可凡連連大笑，也使兩人的訪談氛圍越發融洽。

二〇〇九年，江蘇衛視專門為導演康洪雷的作品舉辦了一次特別節目，叫《康劇來了》，是電視劇《幻想之旅》的開播典禮。在節目現場，主持人提議讓黃渤表演方言。黃渤的方言能力人盡皆知，而且在《幻想之旅》中，他扮演的角色正是一名說著一口膠東方言的獸醫。這部電視劇節奏緊張明快，而黃渤運用方言的精彩表演，卻為其中注入了分量頗重的喜劇色彩，成為很大的亮點。

黃渤先用膠東話朗誦一段徐志摩的《再別康橋》，又用天津話、陝西話等分別說了幾句。而且，他還和一起參加節目的演員羅海瓊演繹一段方言版感情戲，笑翻了全場。

主持人對黃渤說：「來南京了，一定要說南京話。」可黃渤是初次接觸南京話，所以功力不夠。「南京話確實是不行，」他還提到說，自己在樓下一家小店鋪買東西，故意學著用南京話跟店主交流，結果被店主問道：「師傅，你剛從國外回來啊？」這個有趣的段子並不能打消觀眾對他的要求。於是，他讓現場的南京觀眾教他，主持人也對觀眾說：「這樣吧，我們就把這首詩教給他，你們說一句，他說一句。」然後，觀眾集體用南京話朗誦起《再別康橋》。再看臺上的黃渤，他臉上洋溢著熱情大方的笑容，同時跟著用南京話說了起來，而且有模有樣。觀眾們都被他的氣場所吸引，為他熱烈鼓掌。

現場的康洪雷也被邀請用新疆方言朗誦，他話一出口，確實帶有新疆普通話的味道。沒想到，當他說完後，活潑的黃渤也學著用新疆話跟了一句：「耶，好好地麼。」口音幾乎跟新疆人說普通話的味道八九不離十，絕妙非常。當晚參加節目的明星眾多，除了康洪雷、黃渤、羅海瓊外，還有張國強、劉謙等人，但無論是說話的數量還是品質，都以黃渤為首，特別是他的方言能力，成了當晚活動的最大亮點之一。

黃渤也曾在二〇一四年十月接受鳳凰網採訪時說過：「方言相對於普通話來說更加的有色彩性，也能**讓性格更加的豐富和立體**，而且有些內容只有方言才能傳達出來，你換成另一種方式就不是一個味道了。當然也不只是青島方言，各地方言都一樣。」

冰心在《再寄小讀者》中，對蘇格蘭一位詩人的詩評述過這樣一句話：「他的詩是用方言寫的，富於人民性、正義感，淳樸、美麗。」不錯，方言在很多時候就具備這些優點，它有淳樸的外殼，同時又能體現大眾的很多內在好品質，而透過在社交場合的使用，則能因為它的這些內在特點，而使得說話者魅力十足。方言本身還是重要的一種文化，學習和使用方言，哪怕僅限於在一些社交場合帶有娛樂色彩的表演，代表的也是對一種文化的體驗和領悟。

社會上還存在某些看低方言的現象，其實，那只是一種見識短淺的表現。說話之道博大精深又豐富多彩，我們可以從各個角度和層面、各種領域和場合，認真吸收與學習，就能得以儘快的提升，讓我們在日常表達當中更顯水準與魅力。

10——難以回答的問題，「反問」是最佳答案

「刷新票房紀錄不重要……那什麼重要？」

你有沒有發現，在很多時候或社交場合，直白的將話從口中說出來，並不是最好的表達方式。語言往往需要轉換為其他方式或角度，才能更好達到你想要的表達目的。反問，作為常見的一種修辭手法，就屬其中之一。

從語言學的角度，**反問屬於「無疑而問」**。也就是說，你使用反問這種修辭寫文章或說話，並非代表你有不解之處，也不代表你想透過它一定要獲知某種回答。那麼，為什麼還要問呢？原因當然是**它有助於你以問的方式去解決問題**。反問得好，便能體現你的說話水準和背後隱含的智慧。

二〇一五年八月，黃渤和老朋友王迅一起，受邀參加騰訊網主辦的娛樂訪談類節目《大牌駕到》。

當嘉賓在現場與主持人透過問答互動時，提到了二〇一五年七月上映的電影《捉妖記》中的可愛吉祥物「胡巴」，主持人阿雅對黃渤說：「它好像現在不小心刷新了您所創下的紀錄啊？」

黃渤趕緊說：「不是我創下的，就是中國的紀錄早就該刷新了。每一次都會有不同的電影。而且這次特別高興，是由一個跟以往題材（相比）有創新的電影，刷新了紀錄，讓我們覺得對中國電影（而言）是特別高興的一件事。」

阿雅讚嘆說：「哇，人家『五十億影帝』是怎麼來的！就是有容乃大呀。」

黃渤說：「特別喜歡這個胡巴。」

阿雅接著問：「您對自己之後的電影能刷新它的紀錄有沒有信心呢？」

黃渤一臉嚴肅的說：「刷新紀錄不重要！」略停了兩、三秒鐘，忽然一臉奸笑，反問說：「那什麼重要呢？」

阿雅提到的這個問題，看似很簡單，也很好回答，但是要想回答得非常到位，其實並不容易。

如果直接回答有信心或沒信心，都顯得不太妥當。有信心？這就會給觀眾留下大言不慚的印象，少不了被網友們吐槽；沒信心？粉絲一定會有所失望，而且一個公眾人物怎麼能夠當著無數觀眾的面，說自己對未來的事業沒信心呢？

所以，必須轉換一下回答問題的角度。以現實情況來看，從「有無信心」轉成回答「重要還是不重要」就比較好回答一點，同時也沒有太偏離問題的軌道，黃渤首先有把握好這一點。可是，要進一步回答「重要」或者「不重要」，也並不簡單。

如果他貌似很鎮定的說，創下的票房紀錄被別人刷新了，沒什麼大不了的，一點都不重要，那麼就會出現兩個問題：其一，無論他看上去多誠懇，觀眾中總有人會說他很「裝」，在大庭廣眾之下，人多嘴雜，這是無法避免的事；其二，認真來說，每一個人都或多或少有點功利心，對於演員而言，自己能夠一直受追捧，並處於觀眾關注的焦點位置，可能相對比較重要，若是曾在娛樂事業的某方面創下的一個亮點受到了挑戰，心裡有所不甘也是很正常的現象，如果回答了不重要，總會對自己有一點不公。可如果反過來直接說，很重要，我以後一定要「王者歸來」，那麼就會比直接回答「有信心」還顯得淺薄，顯得大言不慚，說話不經腦子。

再看黃渤的回答內容和方式，他透過反問式的應答，首先給觀眾的印象就是非常幽默，製造了一個可樂之處；其次，他既說出「重要」的意思，又以反問形式給人一種很灑脫的感覺；而從整個回答方式——包括中間的故意停頓和反問語氣——與他所說的內容來看，折射的更是一種智慧。能夠幽默，本身就是智慧的體現，在此基礎上還能透過對回答方式的運用，來弱化問題中所隱含的可能會令人為難的因子，就是更大的智慧了。

在接下來的問答中，又提到著名演員劉燁和他的兒子劉諾一，說他們是「高顏值父子」，黃渤當即開玩笑說：「高顏值子，我承認；高顏值父，這個真的現在有點兒勉強。」

黃渤和劉燁合作過好幾次，兩人本身就是非常好的朋友，在娛樂節目中互相尋開心一下，不僅不會給對方造成不好的影響，反而顯得很和諧而幽默。聊著聊著，阿雅評價劉諾一，說：「……長得太可愛，超暖心。」黃渤應道：「是，這個小諾一是真的很可愛，但是誰能選擇自己的父親呢？」

仍然是一個反問句，而且是接著他之前開劉燁玩笑的話題繼續發揮出來的，令人不禁爆笑。以反問的形式製造幽默，又沒有那麼直白，也就會使聽眾多了一絲回想和思考，才明白其中的笑點，顯得更智慧一些。

節目中似乎圍繞顏值聊了不少，當說到黃渤近期參加過的上海東方衛視《極限挑戰》節目時，阿雅問黃渤，當看到一起參加節目的年輕「小鮮肉」，有沒有不一樣的感覺。黃渤趕緊向工作人員要求將自己的手機拿過來，然後調出幾張他年輕時當歌手所拍攝的宣傳海報，同樣幽默的反問說：「誰沒有年輕過呢？那有什麼好了不起的？」緊接著故意說坐在自己身邊一同參加節目的好朋友王迅：「……但是像有的人……」又稍微停頓了兩、三秒鐘，一邊還攤開雙手，一副無奈狀，接著道：「……年輕也是一段悲慘的歷史，這怎麼辦？」顯然是在尋顏值不高的王迅開心，逗得在場所有人都笑出了聲。

類似這樣的反問式對話，在黃渤參加過的各種活動中出現很多次。再比如，二〇一四年九月，陳可辛執導的電影《親愛的》在中國宣傳上映。在此期間，陳可辛導演攜主演黃渤等人走進大學校園進行了一次宣傳活動。在活動現場，面對「九〇後」莘莘學子的各種提問，和主持人提出的只能用一句話回答的限制，黃渤的機智對答接二連三贏得了滿堂彩。

當有人問道：「你向來演喜劇，此次突然出演比較虐心的電影，有什麼感想？」黃渤用一句古詩來回答：「淡妝濃抹總相宜。」又有學生問：「國慶檔你有三部電影要上映，你最喜歡哪一部？」黃渤笑著問道：「請問今天哪個導演來了？」他**並沒有直接回答問題，而是機智的用問問題來解答問題**，將重點從不方便回答的角度，巧妙轉換到另一個看似「勢利」卻極其智慧的角度。

還有學生問：「**帥哥和美女，哪一個是你不能演的？**」其實，這個問題明顯是提問者在拿黃渤向來被人取笑的顏值尋開心，沒想到黃渤反問：「誰說我這個帥哥不能演美女了？」不僅用反問聰明回答了表面問題，還應對了那個隱含著「取笑顏值」的問題，讓現場的學生們都心生欽佩。有人評價說，黃渤真是絕頂聰明。

古今中外，有很多智慧的傑出人才，在遇到難以回答的問題或不好表達的情況時，都使用反問來應對，蘇聯歷史上著名的革命家、政治家加里寧（Kalinin）就是其中一位。

作為蘇聯早期的國家領導人之一，加里寧總會藉機深入到群眾隊伍中，與廣大的勞動人民實際接觸，為蘇維埃政權宣傳。有一次，他來到一群農民代表中間，向他們講解工人聯盟及其重要性。可不管他怎樣詳細認真的陳述說明，老百姓就是無法完全聽明白，有人在當場就直接向加里寧提問：「你說了這麼多，那你告訴我們，對蘇維埃政權來說，**到底是工人更珍貴，還是農民更珍貴呢？**」

顯然，答案是兩者同等重要，可若是加里寧直接這麼回答，群眾必然還要追根究柢問出個所以然，自己還得講解半天，對方也不一定能完全明白其中的道理。於是，加里寧靈機一動反問道：「我來問你，對你來說，是右腳更加珍貴，還是左腳更加珍貴？」

這同樣是一個不言而喻的問題，誰都清楚，兩隻腳對自己來說都非常珍貴。所以，加里寧的這個反問，一下子就讓群眾明白了道理。雖然並沒有多做說明與講解，但人們都因此感覺心中豁然開朗。

反問的功用正在於此，既能解決掉可能花費很多口舌才能說清楚的事，又不僅限於此。最重要的，當然是體現說話者的幽默與智慧。

因此，當你遭遇社交卡關時，若有必要，不妨試試以反問來解決問題。你會發現，原來透過簡單的轉換形式，就能輕而易舉的實現目的，智慧的體現就是如此的隨時隨地。

第 3 章

赤子之心，就隱含在心口如一裡頭

有的演員自己帶了個人魅力，有的是沉澱下來的那個力量。比如李雪健老師，他真的就是融進去了，用骨血在演戲，那個魂兒飄在角色上，真的是挺難的。還有陳道明老師，他技術也很好，你也知道他在設計、在做，但是他演得就好，他的個人魅力足夠把你牢牢栓在那兒。

1——簡單質樸的話語，最抓人心

任何事情，尤其對人生來說，我覺得最好的是做天下第四。

質樸是最簡單的一種生活形態，也是很難做到的一種境界，可以用來形容很多方面，說話自然也不例外。

平常，我們會接觸到各類人，有的說話風格比較張揚，喜歡大張旗鼓表達自己的看法；有的說話風格比較浮誇，喜歡故弄玄虛講述自己的故事；有的說話風格比較華麗，喜歡堆砌詞藻來渲染自己的氣場；有的說話比較膚淺，總是雜亂無章傾倒自己的意見。而比較有品味的說話風格，一般有兩種：一種是溫文儒雅，有相對深厚的思想支撐，學識也比較廣泛，素養也必然不低，說出來的每一句話都能讓人茅塞頓開，如沐春風；另一種便是淳樸實在，體現的是真誠的內心，表達的是最真實、最抓人心的內在品質，或許看似語言直白，卻也總能讓人有所收穫，感受到那份簡單、敦厚和質樸。二〇一五年十一月十七日，由黃渤主演的電視劇《青島往事》在北京舉行發表會。主角黃渤因為在國外拍戲，不能趕回來參加，於是向發表會現場發來了自己錄製的一段VCR，配合劇組宣傳《青島往事》的同時，向全國觀眾朋友問好。

黃渤在影片中是這樣說的：「大家好，我是黃渤。今天是《青島往事》的發布會（編注：為保留黃渤原始的語言魅力，仍維持中國慣用語），但是我特別遺憾，現在正在俄羅斯拍戲，所以不能到發布會現場跟大家一起感受這份喜悅。十一月二十二號，我們的《青島往事》就要在中央八套（電視臺CCTV8）跟大家見面了，很激動，也很高興。作為一個青島人，這次演了一個青島人，無比的驕傲。從小在青島長大，沒能想到有一天，我能演一個青島的滿倉（《青島往事》主角之一）。也希望觀眾跟我們一起感受青島精彩的往事，我也在電視機前跟大家一起等待十一月二十二號精彩的《青島往事》。」

黃渤的一席話，並沒有多少修飾，也沒有太多感情色彩強烈的詞藻，可就是這樣幾句簡單質樸的話，讓觀眾與他此刻的心情感同身受。他身為知名演員，之前拍過很多好看的戲，而作為一個青島人，卻是第一次如此全面扎實的在戲中演一個青島人，相信這部戲在黃渤自己眼中，也是非常有分量的。因為檔期原因，沒能親自參加最重要的宣傳活動，他心中的遺憾可想而知。同時，也因為這部戲的特殊性，黃渤心中的那份喜悅感也是非比尋常；當然，無論是作為團隊成員之一，還是作為青島人，宣傳這部戲不僅是他的分內之事，而且也該有這份義務與責任。因此，黃渤在影片中，透過幾句質樸的祝福話，向發表會在場的人以及所有觀眾，將這幾層意思都完整表達了出來，樸實、到位又很抓人心。

黃渤自出道以來，飾演了大量角色，高超的演技得到業內外人士和觀眾的一致認可。一直以來，黃渤所飾演的底層草根人物都很有特色，而他對角色精細又傳神的刻劃，也是他聞名的最重要原因之一。這些小人物，不管品行和脾氣如何，大都有質樸的特色，而黃渤之所以能夠將他們演繹得出類拔萃，有一部分原因是他自己本就有非常質樸的一面。從一定程度上來說，黃渤不僅飾演了戲中的角色，而他也透過這種方式，讓人們看到他淳樸的個性。別看黃渤平時在公眾場合發言時，表面上機智幽默、詼諧風趣，喜歡逗人，但骨子裡仍然是善良質樸的因子。他是娛樂圈少有的始終能展現質樸本色、聰明才智、演藝技能、社會責任等綜合素質的明星。

二〇一三年二月二十三日，正在帛琉度假的黃渤發布了一條微博，其中寫道：「那日帛琉潛水，正為上帝的奇作美景唏噓不已，突看見水面漂浮一菸盒，心中暗罵哪來的無德之人，這麼乾淨的水怎丟得下手！突然看見菸盒上兩個大字——『中華』！臊得我上去一把捏在手裡，像做賊一樣生怕被別人看見，一直帶回岸邊。朋友啊，去別人家做客咱客氣點兒，這兩字的臉丟不起啊！」

本性質樸，自然在心中就會多一份對社會的責任感。黃渤在微博中所說的這些話，雖然在口氣上帶點戲謔的色彩，但也是對不文明現象的自嘲。為什麼自嘲？因為他看到的菸盒是產自自己的祖國。本質上，體現的是他的質樸與責任心。

其實，當黃渤發了這條微博後，也引起一些人的質疑，認為菸盒垃圾雖然源自中國，但這一亂扔垃圾破壞環境的現象，卻不一定是中國人所為，因此黃渤在微博中說得有些魯莽了。實際上則不然，試想一下，當你在任何一個地方，看到與不文明現象有關，同時又能看出它所關聯的國家時，不管是否為這個國家的國民所為，第一感覺必定是先質疑或批評這個國家，說到底是這個國家會蒙羞。因此，黃渤所說的話，以及他在話語中體現出的心虛等情感，都是非常正常而樸實的。無論這個菸盒是哪個國家的人所扔，其他遊客看到此種現象後，批評的肯定是中國和中國人。黃渤直接表達自己的所見和心裡所想，沒有絲毫隱瞞，真實而質樸，怎不令人對他的至純之心心生好感？

二〇一五年，由《南方人物週刊》高級主筆（按：報刊最高負責人，能夠撰寫重要評論，對報刊文字全權負責）易立競擔任採訪的視頻節目《易時間》對黃渤進行採訪。在採訪中，易立競問道：「你在二〇一四年多次鄭重的說要休息，為什麼？」黃渤說：「設備老是運轉，不往裡抹點兒潤滑油不成，容易故障。而且，演戲不是工廠流水線生產出來的產品，如果連琢磨的時間都沒有了，一部接著一部，這事就變得不快樂了。已經變成後面來了一個戲，你就皺眉頭，那就不好了，所以得歇歇。**生活所有空隙都被工作填滿時，會讓你覺得很沮喪**。因為我們這個工作天天都是烏泱泱的對著無數的人。哪怕自己燒個陶，或者畫幅畫，也是自己跟自己聊天的一個過程，得有這樣的時間。看一些大理的朋友，閒雲野鶴的，想畫畫就畫畫，不想畫了就喝酒，跟朋友出去玩兒、聊聊天，就覺得特好。」

易立競接著說：「你如果想過那樣的生活，也隨時可以做到啊！」黃渤答：「不可能啊，**你是掛在這個大設備的齒輪上跟著轉的，說跳下來就跳下來，那你身邊的機器都會停下來**，你現在有工作室、有合作夥伴，有各種你要做的東西，已經不只是在為自己一個人做事了。說一句『對不起，哥們兒歇兩年』就走了，怎麼可能呢？」

同樣是在這期節目中，黃渤還談到他對自己的工作、事業及生活的看法：「忙碌的『忙』等於盲目的『盲』，天天都在事務性的工作上，頭紮在一堆沙子裡，根本不抬頭，也沒有琢磨的時間，也不明白這個工作到底為什麼要做。其實從某種意義上來說，當人家覺得你挺棒的、挺好的，這就是最無聊的時候。**任何事情，尤其對人生來說，我覺得最好的是做天下第四**。因為天下第一，註定所有的壓力和目光都在你這兒，不是一個太舒服的狀態。T臺（按：時尚圈用語，意指伸展臺）上閃耀一下可以，當把整個生活都變成了T臺，所有人都在注視著你，這就變成了一件很討厭的事兒；天下第二，你還想玩命超過第一；天下第三也有這個心態，壓力依然會比較大。做天下第四，要到第一可能性沒有那麼大，但同時你也有了一定的高度，也沒有人把壓力給第四。沒有那麼差，也不用那麼集中的好。」

無論多麼耀眼的明星，過著多麼令別人豔羨的生活，總會有煩惱的事情，也總有令自己嚮往的生活狀態。黃渤並沒有迴避身為一個平凡人最難以避開的事物。他用這一番質樸的語言，表達出受聚光燈和粉絲關注的事以外的很多東西，讓人們對這份特殊職業背後的情況多了一份了解，更多了一些理解。

北宋政治家、文學家歐陽修在《為君難論，下篇》中說：「巧辯縱橫而可喜，忠言質樸而多訥。」以往，我們借助鏡頭，對黃渤在戲裡戲外「巧言縱橫」的一面關注甚多，無數次體驗了他為我們帶來的歡樂與喜悅。而此時此刻，我們透過黃渤質樸的話語，真切體會他身上的另一面後，才感覺對他有更深刻的了解。他是一個實力派演員，當然沒錯，但同時，他更像生活在我們左鄰右舍中最尋常不過的一位鄰家大哥。他的冷暖，彷彿我們似乎都看在眼裡。

人之初，性本善。大多數人都是平凡人，也都是質樸的人，因此這種品質也最能走入人心。體現一個人質樸的方面有很多，說話是最重要也最明顯的其中之一。很多時候，我們根本不用去考量如何說話，才能讓聽眾與自己感同身受；只要發自肺腑的說出口，不用去想抑揚頓挫，也不用在腦海中尋覓詞藻來修飾，自然就能讓情感走入別人的心中。

2——赤子之心就隱含在你每一次對他人的讚揚當中

讚揚是一種精明、隱密和巧妙的奉承，
學會適時的去讚揚別人身上的優點，本身展現的就是自己的一項優點。

在美國，有一位家喻戶曉的人物——拿破崙．希爾（Napoleon Hill）。生活在十九世紀後期和二十世紀前七十年的希爾，是美國現代歷史上最偉大的一位成功學大師。他創立了人類史上最早的現代成功學，出版了大量內容豐富、思想深刻、影響過無數人的成功勵志書籍，對千千萬萬成功人士的奮鬥之路起過很深的影響，就連美國的兩任總統——威爾遜和羅斯福，都深受其影響。而且，威爾遜也是非常難得的培訓大師，曾為很多企業甚至政府的人進行過勵志培訓，在美國上流社會中的名氣尤其突出。

可就是拿破崙．希爾這樣一位看上去非常了不起的人物，據說小時候卻是個非常我行我素、自閉，看上去毫無前途可言的孩子。那麼，到底是什麼改變了他呢？希爾很小的時候就失去了母親，在單親家庭中成長，自然就會缺乏一定的管教。他確實比其他孩子顯得更加不聽話，以至於連鄰居、親生父親和兄弟都對他有意見，甚至在很多時候，由於人們對他存有一貫的偏見，還多次將並非他做的壞事貼在他身上，冤枉他，這些因素都加重了他的叛逆情緒。

後來，他父親又找了一位老婆。在她初進家門時，希爾並沒有給這個陌生的女子好臉色看，讓他父親非常難堪，只好向漂亮的新婚妻子解釋，大概是說希爾是全家最壞的孩子，請她不要見笑，以後多多體諒。沒想到，陌生的女子卻走近希爾，將雙手輕輕的放在他肩上，雙眼真誠的盯著他，說：「最壞的孩子？不！他是最聰明的孩子才對，只是需要我們共同去發現他的聰明。」

拿破崙．希爾長大成名後，在很多場合都提到過那位給予他誇獎和鼓勵的新媽媽，以及他們在一起生活後發生的很多小事。實際上，這位並不算出眾的陌生女子，的確非常懂得怎樣激勵一個「怪異」的孩子健康成長。從那以後，她總是有意無意的誇獎希爾幾句，鼓勵他做很多大大小小感興趣的事情。希爾致力於寫作，就是在新媽媽的鼓勵和支持下，拿一把玩具手槍換了一臺簡易的打字機開始的。

就這樣，拿破崙．希爾**在繼母的誇讚聲中慢慢長大**，重拾心中的自信，不斷的激發自身潛能，最終成為舉世皆知的成功學大師。

孔子說，三人行必有我師。每個人身上都有值得其他人學習的地方，每個人都有自己的亮點。也就是說，只要你有一雙善於發現別人優點的眼光，就不會缺乏誇讚別人的時機。從上面這個故事中，我們可以看出，誇讚別人對於被誇的人來說，可能會產生很大的影響，對他的未來也會產生一定的積極作用。

因此，在社交場合，學會適時去讚揚別人身上的優點，本身展現的就是自己的一項優點。千萬不要被羨慕嫉妒恨蒙蔽了雙眼，不要吝嗇你對他人的誇獎，要將你發自肺腑的讚美之詞時常用於口頭表達中，無論對你還是對被誇獎的人而言，都會帶來很多好處。

易立競在視頻節目《易時間》中採訪黃渤，當他們聊到對自身位置的看法時，黃渤闡述了一個頗具哲理的看法——最好的人生是做第四名。

黃渤說：「你自己也清楚，比你能力高、理解力高、表現能力高的人有的是，你知道自己的短處在哪兒，也知道自己的長處在哪兒。有的演員自己帶了個人魅力，有的是沉澱下來的力量。比如李雪健老師，他真的就是融進去了，用骨血在演戲，那個魂兒飄在角色上，真的是挺難的。還有陳道明老師，他技術也很好，你也知道他在設計、在做，但是他演得就好，他的個人魅力足夠把你牢牢栓在那兒。國外更多，還有很多這樣的好演員。」

易立競接著問他：「你曾經說過**『陳道明那樣的生活才叫生活』**，那是什麼生活？」

黃渤回答說：「你能了解，他自己的節奏把握得特別好。你很少見到他出席各種活動，你也知道大家對他的認可，他自己有自己的生活、朋友圈子，有自己可以施展事業的空間，而且有文化，最起碼他是一個喜愛閱讀的人，這就特別好。他對生活空間的安排、對鬆緊度的調節，會讓你覺得還挺羨慕的。」

在一來一往的聊天中，黃渤真誠的表達他對兩位著名的資深實力派表演藝術家李雪健和陳道明老師的讚揚與佩服之情。這樣的話，從黃渤的角度來說，是真心實意的表達，同時說明他也有自己在專業領域的偶像，體現的是他在表演藝術上的追求方向之一，也讓人看到了他對前輩的禮貌與尊重，是個謙遜有禮的人。從他讚揚的兩位演員的角度來說，當他們聽到別人在背後真心實意所說的讚美之詞時，必然會產生喜悅和欣慰之情，雖然他們作為實力派表演藝術家，早已獲得無數的榮譽和讚美。

再從觀眾的角度來看，很多人從黃渤對兩位藝術家的讚揚話語中，找到了默契之處，因為必定有大量觀眾跟黃渤一樣，都非常喜歡李雪健與陳道明。可以想像，當觀眾們從一個著名的演員口中，聽到他與自己有這麼大一個共同之處，或者說自己居然與他的眼光相同，那該是一份特殊的驚喜與欣慰。

讚美別人，往往就是一個多方共贏的舉動。英國作家塞繆爾．巴特勒（Samuel Butler）曾說過：「讚美是美德的影子。」是的，讚美別人的優點本身體現的就是自己的優點。法國作家拉羅什富科（La Rochefoucauld）也說：「**讚揚是一種精明、隱祕和巧妙的奉承**，它從不同的方面滿足給予讚揚和得到讚揚的人們。」此話同樣是說，讚揚對於雙方都是有好處的。所以說，培養讚揚別人的品質，是很值得我們做的事情。

當然了，正如上面拉羅什富科那句名言中提到：「讚揚是一種精明、隱祕和巧妙的奉承。」我們不能絕對的說「奉承」只代表貶義，它也有自身積極的一面，這實際上就是誇讚，也就可以用「精明、隱祕和巧妙」來修飾。讚揚別人，並不是貶義範疇的那種奉承，並不是俗話所說的溜鬚拍馬，而是從心底生出的對別人優點的欣賞和欽佩，代表的是一種積極向上的心理訴求。如果誇讚源自內心的虛偽和別有所圖，一旦被識破，必定令人不齒，它已經越過了良好道德與品行的範疇。

所以，俄國著名作家托爾斯泰有句話說：「稱讚，不但對人的感情，而且對人的理智也起著很大的作用。」它所隱含的意思是：你要想真心實意的誇讚一個人，就離不開理智的支撐。只有在**理智支撐下，才能客觀的發現別人身上的優點**，並且適時給予讚揚，而不是信口開河、虛情假意的誇別人。

黃渤對很多人表達過內心的讚美之意，雖然他平時喜好開玩笑，有時與朋友在一起，還會拿他們尋開心，惹得全場大笑。比如，他的好朋友管虎、王迅、梁靜、孫紅雷等等，都曾不只一次的被他「取笑」，但是一旦認真討論起來，黃渤總會說出他們身上的大量優點，包括為人處世的方式、演戲時的技術水準，工作中的能力和態度等等。

在他與孫紅雷等明星共同參與的上海東方衛視主辦的節目《極限挑戰》中，他和孫紅雷之間沒少「互相傷害」，可在事後的各類訪談中，每當記者問到他對其他人的評價時，他都會非常誠懇的給予讚揚，而且非常到位。既能讓人看出他有獨到而較高的識人能力，又能讓人感受到他對友誼的維護與重視。比如，他**「嘲笑」孫紅雷「智商讓人著急」，同時在採**

訪中卻誇讚孫紅雷其實本質憨厚、善良、踏實，是個值得人信賴的朋友。

每個人在一生中都需要跟別人相識相交相知，情義是無價的。能夠發現其他人身上的亮點，是我們與他人長期相處的一大基礎；而能夠針對優點給予誇獎，一方面是保證彼此間友情品質的必要條件，另一方面也是以鼓勵的形式，幫助朋友進步的基本做法。就算對於一輩子只有一面之緣的人來說，當發現了他的優點後，及時誇獎一番，說不定對他的成長會帶來無法預估的影響。**赤子之心，就隱含在對他人的每一次真心讚揚當中**。所以，千萬不要吝嗇對別人的誇獎。

3——黃渤的妙喻：鮑魚、海參、龍蝦都來了，怎麼可以不上桌呢

「成長如茶葉，演戲如戀愛，得獎如開彩票，而此刻我是案板上的鮮肉。」

在文學作品中，比喻是一種非常常見的修辭手法。我們日常說話的方式，通常也離不開對比喻的運用。「比喻是一種基本的認知方式。**人們要認識和了解一種事物，往往會透過與它有某種相似性的另一種事物類比來完成**。找到甲乙兩種事物之間在某個方面或某一點上存在的共同點，發現甲事物暗含在乙事物當中不為人熟知的特徵，會對甲事物有一個不同以往的重新認識。」這便是美國著名學者、文藝理論家喬納森．卡勒（Jonathan D. Culler）對修辭法比喻所下的定義。

從卡勒的定義中，我們可以看出，作為一種修辭方法，比喻可以讓人從另外的角度，完成對事物的再次認知。而這種再次認知，通常也會產生更加生動具體的效果，使人們能夠

更細緻或更深入的了解事物。從而也可以推斷出，善於運用比喻來寫作或說話的人，他本身在對事物的認知上，也就具有相對較透澈的眼光和相對較高的水準。能夠運用貼切生動的比喻，使你所要表達的內容更加具體，這是社交中非常具有技術含量的說話之道。

二〇一四年十月出刊的《南方人物週刊》，黃渤是封面人物，記者對他進行了專訪。透過專訪稿的內容，我們能夠清晰看到，黃渤在平常說話時，就是一個非常善用比喻的人。

記者問黃渤：「你原來講過，拍《上車，走吧》的時候，管虎說你身上最寶貴的東西是真摯。我前些天重看那個電影，覺得你那時的狀態確實跟現在不一樣，臉上有種青澀鮮嫩的感覺。現在感覺是熬了很久、滋味豐富的老湯。**你會懷念當年的狀態嗎？**」

黃渤回答說：「**那是剛摘下來的茶葉，後來變成炒熟的茶葉，然後經過這些年壓成了餅，慢慢存放，開始成了年份普洱。**」

記者馬上也跟著一語雙關的說：「年份普洱很貴啊。」

黃渤笑著說：「哈哈，也分品種。」

人類生存於世上，最大的局限性就是無法擺脫衰老，但這種現象要是真想描述得比較貼切，卻十分不易。記者藉由對黃渤剛出道時和演藝成熟後進行對比，提出黃渤臉上能夠看得到的變化，而且還用了一個比喻，以老湯來形容在演藝界打拚多年，此時已經功力深厚的黃渤。

黃渤緊接著使用一個更加貼切的比喻，將記者提到的人生過程都具體的表達出來：他以茶葉在不同年份中呈現的形式，因放置所需而經受過的製作流程，來形容自己從出道到歷經鍛鍊，再到如今的百煉成鋼，這一逐漸褪去青澀和累積閱歷的過程。一個具體的比方，使人一下子明白他要表達的意思，或許在同時還能感受到他所流露出的一絲無奈。

記者繼續提問：「你以前說過，你**看自己的喜劇從來不笑**，這是真的嗎？」黃渤答：「對。這是一個表現，不是因為看這個不笑，因為我看的時候全部都是問題。你們看的時候，被橋段、動作、表情、臺詞吸引，我可能全跳脫在外面，哎呀這個節奏給錯了，這說太急了，這個東西要是空一段，後面那些詞全部都不要，可能會比現在效果更好。」

記者又說：「但是這沒有標準答案啊，你覺得這樣更好，觀眾可能會覺得，以前那樣反而更好。」

黃渤回道：「那你不知道麼，你只能站在自己這個角度，你自己有一個審美，你知道怎麼樣會更好。」

針對黃渤這一回答，記者又問道：「你會不會覺得這樣可能對自己要求太嚴苛了？」黃渤又打了一個比方：「不是，因為這個樂趣就來自於此。以前最高興的時候就是一瓶不滿、半瓶晃蕩的時候，老也摸不著，急。你知道嗎？**就跟談戀愛一樣**。你在追求一個女孩的時候，在樓底下**徘徊、焦躁，痛苦是痛苦，但它也是最快樂的**。兩人已經談四年了，好像很多東西就沒了，理所應當了。這跟演戲一樣，現在覺得你演好了也正常，大家覺得你能做到這樣也是應該的，也就是說你從創作中得到的快樂感、愉悅感越來越少。」

用談戀愛這個人們非常感興趣的話題，來比喻自己演喜劇過程中的體驗變化，形象實在恰當，他將自身對演繹喜劇的整個感受過程，完美的呈現出來。實際上，黃渤善用比喻的例子比比皆是。

曾在一次採訪中，黃渤談到有關自己對生活的看法：「其實我們的生活不就是喝醉了麼，突然投入這個房間，換一個房間又投入，可能服務生給你叫過來了，可能哪個製片人又給你一個劇本……到最後發現其實都是一個一個的房間，生活還是那條走廊。見過各種戴面具的人，最後還是要回到自己的生活。」他將生活感悟與自己的特長與職業，借助一個比喻緊密的聯繫起來，而且頗具哲理。

前段時間，黃渤給自己放了一年長假，沒有接拍任何戲，只是參加一些綜藝節目和活動，同時也出去遊玩了一圈。當他在歐洲旅行時，看到滿大街人們的日常生活，既安逸又恬靜，與自己之前無比繁忙的工作狀態截然不同，於是不禁心有所感。在接受記者採訪時，他將那份感悟透過一個比喻描述出來：「唉，好像這兒的人生活都有一個靠背，大家是靠在椅子上坐著的。而我的生活好像一直都在跑。在老的教堂和老的門墩兒靠著背坐一下，旁邊種個小花小草，好像這才是生活的本質。」

同樣是談到與自己進入演藝界後，被繁忙的生活狀態所包圍的相關話題時，黃渤還說過：「十年前，世界突然給你開了一個窗，你對滿天的星星充滿好奇，你想把每一顆都摘下來，可現在，你覺得它安靜待在上面，你只是抬頭看看，就挺好的。」

二〇一一年，黃渤接受上海東方電視臺著名主持人曹可凡專訪時，對方提到他曾獲得金馬獎影帝的事。曹可凡說：「我記得那一次是下了『雙黃蛋』，先是張家輝，當念出張家輝的名字的時候，有沒有臉上掠過一絲失望之情？」

黃渤說：「可能應該是有吧。很簡單，跟你開彩票的道理是一樣的，刮那個什麼——雖然沒那麼嚴重哈——發票旁邊的兌獎區，一刮開，『謝謝你』，心裡邊還是……哎，哈哈。」他借助比喻，將人們在面對可能出現的驚喜，以及驚喜似乎破滅後的那種心理表現，明明白白的說到位。當觀眾聽到他的表達時，立刻就會想到自己曾遇到過的相似情形，這也是比喻的力量。

黃渤在錄製上海東方衛視《極限挑戰》的某橋段時，登上了青藏高原。因為很少去海拔較高的地方，黃渤還出現高山症狀，不過錄製這類節目的樂趣也是始終並存。面對東方衛視的採訪，他開玩笑說：「現在我們是把自己當作一塊案板上的鮮肉，就看後邊是個怎麼樣的剁法。」用比喻製造幽默，還體現出灑脫的氣質。

二〇一二年十一月，黃渤受邀主持第四十九屆金馬獎頒獎典禮，當記者獲知消息後採訪他時，提到說來了這麼多大牌明星，要準備主持素材確實不容易，問他怎麼辦。黃渤說：「鮑魚、海參、象拔蚌、龍蝦都來了，你怎麼可能讓它不上桌呢？」歷屆金馬獎頒獎典禮，都會有幾十位華語電影明星參加，群星璀璨是這種場合最主要的特徵，黃渤將他們具體比喻為珍貴的海鮮，而身為主持人的自己則是必須做菜的廚師，既幽默而不見外的說明，他對如此珍貴的機會以及群星們的尊貴身分都很看重，也流露出他初涉主持領域就遇到如此重大場合的些許忐忑之心，比直接說出他想表達的意思更顯風趣和智慧。

能夠在說話時，及時恰當的以比喻來完成表達，是機智的展現，也是見識不淺的印證。如果你的觀察足夠仔細，會從每一個高明人士的說話方式中，發現他們習慣用打比方的方式來說明事物或對事物的理解。其實打比方容易，但是打出非常恰當的比方就需要一定的功力，這可是對自身綜合素質的考驗。我們在日常社交場合，可以多多體悟那些智慧人士在這方面的精深表現，時間久了自會有所領悟。

4——什麼是心口如一，就是責任感與自己的能力相匹配

「作為演員，除了娛樂屬性，還有東西隱隱約約往我肩膀上放。」

明末清初思想家顧炎武曾提過一個重要概念：「天下興亡，匹夫有責。」這句話逐漸發揚光大後，成了很多人的座右銘，可見人們對責任感的重視程度有多大。我們都是獨立的個體，但同時我們也生活在整個社會中，不管你是一顆螺絲釘，還是一個小齒輪，總之，都脫離不開這臺永遠在運轉的社會大機器。

所以，每個人都應該在力所能及的範圍內，承擔一定的社會責任。同時，因為人在社會中的生存形式和狀態的複雜性，還要承擔對家庭的責任、對工作的責任、對未來的責任等等。一個責任感強的人，特別是公眾人物，因為本身具備很大的影響力，所以總能在各種場合和日常言談舉止中，將自己的責任感展現出來。實際上，我們在社交場合說的話，往往需要充滿責任感，因為只有社會中的每一個人都去表達這份責任，以及對責任執行的信

念，我們生活的社會才能變得更加美好。

之前提到，黃渤在接受易立競採訪的視頻節目《易時間》中，針對對方提到他可以過自己嚮往的自由生活時，黃渤說道：「不可能啊，你是掛在這個大設備的齒輪上跟著轉的，說跳下來就跳下來，那你身邊的機器都會停下來——你現在有工作室、有合作夥伴，有各種你要做的東西，已經不只是在為自己一個人做事了。說一句『對不起，哥們兒歇兩年』就走了，怎麼可能呢？」

這句話體現的正是黃渤對自己的工作、同事和合作夥伴所該擔負的那份責任之心。實際上，正如記者在他回答之前所說，他完全可以放下一切，帶著家人去休一次長假，過自己早就嚮往的自由輕鬆生活。對於此時的黃渤，可以說在物質上什麼都不缺，完全可以隨心所欲一點，但是他卻因為自身所擔負的那份責任，逼著自己在工作當中不斷前行，帶領大家一起推動著「大設備」運轉。透過語言表達，將這份責任心傳遞出來，對其他人來說也是一種帶動，具有一定的勵志作用。

在易立競的採訪中，黃渤不光表達了對工作相關情況的責任感，在更深層面上，對自己所從事職業的整體發展，那一份責任感也表露無遺。

易立競問：「徐崢曾經說你什麼戲都拍，你覺得是說你接戲多，還是戲路寬？」

黃渤回答：「在整個電影產業開始蓬勃發展的時候，各種東西出現了，我剛好又在一個希望有各種發揮的年齡，碰到這樣的覺得有意思，碰到那樣的也覺得有意思，覺得都不能放棄。可能跟危機感也有關係，怕失掉一些好的機會，所以接戲多。慢慢的，大家好像界定你是一個成熟演員了。儘管自己不願意承認，但其實你已經步入中年演員的行列了。尤其現在不斷有新人出現，市場也開始蓬勃，你隱隱約約會覺得有些責任在身上。我們曾經看到的中生代演員，現在已經開始減少作品量了。你慢慢發現，無論是從市場還是從作品來說，自己現在是電影市場上主力軍的一分子了。

作為這個時代的演員，除了娛樂屬性的東西，你應該做一些什麼樣的東西——無論是接到的作品也好，或者自己想拍的東西也好——隱隱約約覺得這些東西在往你肩膀上放，無論你想不想承擔。如果以後大家看這個時代的這批演員，在這個市場環境下潦草一番就走了，這也不太好。」

我們可以毫不隱諱的說，大多數人在生活中，都很難用相對比較長遠的眼光來看待自己的事業和人生，考慮的方面和深度必然也相對短淺，人們還是只將眼界集中在眼前的生活狀態。像黃渤這樣，不僅注重自己的發展，也著眼於自己所從事職業的未來發展，以及對後輩該擔負的責任之心，並不是所有人都能夠有意識或者有能力做到的。

在表述責任感的時候，態度謙虛，並無絲毫浮誇跡象，非常難得。當易立競直接問他：**「你有這種使命和責任感嗎？」**黃渤回答說：**「不是我有，慢慢就到了**。那天在一個晚會上碰到陳道明老師，他說：『我們肩上的擔子慢慢就卸給你們了。』特語重心長，也特清清淡淡。但是能感覺到，他說的是有道理的。當你成為這個行業主力之一的時候，你應該做哪些東西？除了數字、票房，好像還應該再做點其他的……比如演喜劇，一輩子能拍幾部戲？能碰到幾個真的值得你投入，或者給你空間讓你去發揮的戲？所以有的時候哪怕劇本沒那麼好，也希望透過自己的加入，能夠把它調整到一個好的狀態。包括類型片的發展，你會接一些略有風險的、票房沒有想像那麼高的類型片。

「比如公路片一開始在中國比較缺乏，最早從《無人區》開始，到後來的《心花路放》，慢慢成為大家認可的一種類型片了，那就挺好，哪怕你在旁邊就用了二兩力，你也覺得對這件事情有所幫助。其實整個產業還需要好多其他類型的片子，或者說一些小眾的、個人表達的片子，也不能讓它淹沒在整個市場數字之下，我們可能還是要做一些類似這樣的工作。可能跟年齡也有關係，之前只是在想自己的一畝三分地，時間長了，慢慢你發現地主把地都交給我們這些長工了，以後這些地要我們自己打理，可能就不能光想這些了。現在其實你隱隱約約會有一些憂慮，比如最近出了很多票房不錯的電影，有你喜歡的，也有你不那麼喜歡的，都沒關係，市場需要這樣兒，不能那麼單一。我們之前出來一個《瘋狂的石頭》，後面就跟著出來瘋狂這個、瘋狂那個；出來一個囧，後面就出來這個囧、那個囧，這對市場和整個電影行業是無益處的，但又是客觀存在的。**怎麼能透過我們的能量，使它更豐富一些，哪怕我們沒做好，最起碼這些嘗試是你應該做的，因為現在你有一些影**

響力跟號召力。」

從黃渤的思考和講述中我們可以看出，他心中的那份責任感也並非生來就如此濃厚，而是隨著自己影響力、號召力、知名度、閱歷等各方面的提高，逐漸加深加重的。此外，責任感還有個傳承的過程。黃渤提到陳道明語重心長對他所講的話，讓他更加深刻和真實的感受到自己所擔負的那份責任，這是存在於一代代人身上的責任，是需要長期發揚和傳承的正能量。

除了縱向的傳承，責任心和責任感也能橫向擴展，或者說「互相傳染」。也就是說，一個責任感強的人，往往也會對身邊的人帶來影響，有意無意的促使大家共同努力，發揮出集體的社會責任。

易立競問黃渤：「你一直在說我們，應該有幾個人或一群人？」

黃渤說：「對啊，像我們這一代，還有其他人。」

易立競又問：「大家有過這樣的溝通或達成共識了嗎？」

黃渤說：「有，大家在一塊兒有時候會聊。但是沒辦法，市場有的時候就是這樣，真的拍小眾片子，投資方還是會有顧慮。但也有一些比較有情懷的投資方，哪怕他認為這個風險比較大，他也願意做這樣的嘗試，這個還挺好的。」

不過，一個人和一群人的力量總是有限，無論他們身懷多大的責任感，總會受到一定的制約，責任也只能表現在有限的範圍內。比如，易立競說：「你們會找電影投資商來開拓這樣的市場嗎？」黃渤很客觀而理智的答道：「做不到那麼大，那是整個產業的事，我們只是在其中。**落到你肩膀上來，你就使勁扛一下**，能出多少力就出多少力吧，這不是你自己能左右的。」

在交談時，體現該肩負的力所能及的責任，本身就是一種責任感，而對自己所肩負的責任有一個客觀的認識和把握，並且量力而行，也是所應具備的一種能力。我們提倡說話時往往需要充滿責任感，並非鼓勵人瞞天過海的胡亂吹噓，嘴上表達得頭頭是道，說完後因為無能為力或志不在此而像沒事人一樣。**責任感要與自己的能力和實力相匹配，也就是所謂的心口如一**。能在實際行動中，將表達出來的責任感完全轉換為責任，才是「充滿責任感」的真正表現。「天下興亡，匹夫有責」當然沒錯，只是這個「責」需要根據人的不同情況有不同的體現。比如黃渤，他口中所講的責任感，完全屬於自己的能力範圍之內，與自己的生活和工作、從事的職業以及職業發展的未來有關。

如果一個城市中的普通市民，能做到不隨地吐痰、不闖紅燈、不亂扔垃圾、不危害社會、不擾亂治安等等，並且將這份責任隨時向身邊每個人傳遞，就已經是充滿責任感的表現；可如果你小責任不承擔，大責任擔不起，卻總是滿口的心懷天下，那就是好高騖遠加杞人憂天的綜合體。

因此，說話往往需要充滿責任感，這是社交品質、學識修養、眼光見識和人生層次的重要體現。同時，「充滿責任感」所要注意的方面和條件也不可忽視，因為在日常社交中，這關乎一個人的真誠與信用。

5——你會怎麼講述你的專業？這是社交的基本功

每個人都有自己的職業領域，如何表達對自身職業的理解，絕對是一大考驗。

學海無涯，生命有限。在人的一生中，不可能掌握太多的東西，即便有人學富五車、博覽群書、過目不忘，了解和精通的知識也必定有限。與人類幾千年發展積累而來，浩如煙海的文化知識相比，只是九牛一毛。說到底，在我們的一生中，掌握最多和最熟悉的東西，基本上都只是集中在自己所從事的職業領域內。從這個意義上講，透過努力奮鬥，對自己最熟悉的東西掌握得更加精通，也是在為自身的成長和成功鋪設最堅實的道路。

在平時與人交流時，能夠相對熟悉的講述自己所從事的職業，甚至能夠相對精深的表達出對自己所從事職業領域的認識，可以說既是勝任工作的基本表現，也是在社交中必備的一項基本功。我們不妨回想一下，在社交場合，有多少次與別人談論的是自己的工作、職業與事業？

在易立競對黃渤的採訪中，雙方有過這樣的對話：

易立競：「你曾說，看到自己去年拍的戲一股腦上映有點兒尷尬，為什麼？」

黃渤：「有一次新年賀歲檔，一個月在同一個影城裡做了三次發布會。見記者見得都尷尬，不知道說什麼，人家也不知道該問什麼，就自己主動點兒，該吐的多吐點兒，讓人回去有東西寫。」

易立競：「這不是很多人嚮往的一個狀態嗎？證明自己有市場。」

黃渤：「這個不用再證明了吧？其實你想要的就是那點而已。」

易立競：「哪點？好的角色？」

黃渤：「是。因為如果你不成，市場不認你、投資方不認你，可能有很多好戲就錯過了，你選擇的範圍就會窄一些。所以說票房高挺好的，證明看的人多麼。」

易立競：「你皺著眉頭說票房高挺好的？」

黃渤：「對，如果只拿票房這事兒來說，就會覺得有點兒尷尬。比如你對自己會有一些期待，可身邊的人會說，『這部戲票房可能不會太好。』票房不會太好就不去演了嗎？如果完全被這個東西裹挾，就不太好了。徐崢以前說希望有人破《泰囧》的紀錄，我覺得可能也是發自肺腑的，當然沾沾自喜也是有的、高興也是有的，但是真的被那個東西綁架在那兒，是特別無聊、特別討厭的一件事情，所以我今年歇一年。」

易立競：「讓大家忘記票房數字？」

黃渤：「不是，等等大家。最近好多高票房的戲都出來了，挺好的。這個東西很快，之前我們說一個電影票房過億，當時大家的反應都是『哇，過億啊，多嚇人啊』。現在票房過億算什麼事兒？**過幾年，『五十億』聽起來也會是個笑話，這東西你自己把它當回事兒了，那也是個笑話。**」

易立競：「你驕傲過嗎？還是一直具有自省精神？」

黃渤：「比較少驕傲。我挺羨慕那種驕傲的，但是我做不到，想都不敢想，就覺得這太傻了。自己都覺得『二』（位居次位），當然怕別人也覺得你『二』。」

……

易立競：「**你曾說這不是一個容易出大師的時代，在你看來什麼時代容易出大師？**」

黃渤：「不好說，因為我也沒有多麼高深的理解，只是覺得我們現在太溫吞了，沒有那麼激烈。曾有過百家爭鳴的時代，你能看到所有尖銳的思想，這種尖銳不分好壞。我們現在也有，但是從品質和數量上都少。」

易立競：「沒形成一個氣候和環境？」

黃渤：「是的。因為隨著經濟的大幅度增長，整個電影工業都是踉踉蹌蹌的跟著往前跑。我們電影工業的體制本質是很稚嫩的，所有的創作人員、編劇、導演，包括演員，人才儲備太少了。現在又唯數字化，大家只認票房，這一系列的東西才造成這樣的結果。但這是個過程，必須得有這個過程。有時候我又覺得，量跟質還是有關係的，量變引起質變。當真正有一個龐大的量的時候，裡面的一%自然也會多一些。就像我剛才說的責任感，你會覺得不能沒有表達了，不應該所有人都投其所好、人云亦云，這最起碼不應該是它的全部。但慢慢的你又覺得這也是個悖論。

美國電影市場真正有影響力的也不是文藝片，是商業片，它**主流價值觀的輸出都靠這些大片**，因為全世界的人都在看，億萬人在看，這才是真正能夠讓一個國家文化走出去，或者讓文化有影響力的方式。現在你能把有文化工業影響力的這種大片做好，我覺得也未嘗不可。烏爾善導演（按：知名作品有《畫皮二》、《尋龍訣》）是個藝術家，他也認為真正能夠跟人抗衡的並不是我有一個不同的觀點，而是我們的觀點能占據主流地位，這樣你才有話語權。所以他認為，中國應該有這樣能夠跟世界大體量級抗衡的類型片或商業片。就這點來說，我覺得也還蠻感動的。」

不難看出，黃渤對自己所從事的演藝行業，是有著非常深刻的認識和思考，而且在短短幾段話中，涉及的方面也比較廣泛——雖然都只是簡單談論了幾句。比如，自己在影視界的狀態、電影的票房表現及其對演員的影響、時代與電影行業之間的關係、電影人在時代裡的成長狀況、現代電影行業存在的悖論與缺失、電影數量與品質之間的關係、中美電影市場狀況比較、對電影文化的思考等等。

透過黃渤所說的話，我們很容易發現，他並不是一個只懂得演戲的演員。他不僅知道用演戲謀生和如何飾演某個角色，還**對電影行業和中國電影的發展情況，以及現在所遇到的很多問題，都有自己的深入見解和思考**，既相對全面又有一定的深度。他既懂得如何深入的去認識所從事的職業領域，又能將自己的認識表達出來，呈現給觀眾。可以毫不誇張的說，他是一個因熱愛電影藝術而投入其中，進而對電影藝術進行過鑽研的真正電影人。

每個人都有自己的職業領域，在平時與其他人進行探討時，如何表達對自身職業的理解和認識，絕對是一大考驗。總的來說，有幾項前提需要掌握：

一、專業精神

沒有一定的專業精神，就沒有動力支撐自己在職業當中去深鑽細研，也就不可能達到你想要得到的熟練程度。無論從事什麼樣的職業，都必須培養自己的專業精神。需要潛心沉入的職業，就必須捨得拿出大把時間坐穩冷板凳；需要高調付出的職業，就必須學會抹開面子去披荊斬棘開拓道路；需要發揮創意的職業，就必須多面出擊，去廣泛蒐羅有利於激發靈感的東西……這些都該在腦海中以一種精神存在，才有可能成就自己的事業。

二、職業素養

職業素養同樣是一個人能夠做好工作的前提，沒有職業素養，就相當於木匠不重視鋸子的使用、鐵匠不專心於錘子的掄法、律師不學新出爐的法律條文、醫生不熟練使用手術刀、教師不備課……。職業素養體現的，不僅是一個人對自己工作的掌握能力與水準，也是對職業的理解以及在工作中的內外表達。只有具備良好的職業素養，才可能成就「專」與「精」。

三、對事業的理想

理想是聚焦於未來的東西，代表著一個人的眼光和堅守時所需的毅力。沒有事業理想，就相當於敲鐘的和尚，過一天算一天，未來總會處於一片漆黑狀態，極不利於整個人生道路的發展。一般來說，愛好是一個人能夠具有並且堅定事業理想的必要條件，只有真正熱愛工作，才有可能將它當作人生事業來做。在從事一份工作的過程中，假如始終找不到事業理想，也沒有多少熱愛之心，不如趁早放手，尋覓更適合自己的職業，進而更快樹立事業理想，懷著最健康的工作心態，朝更好的方向發展。

四、創業心態

創業是人們討論最多的話題之一，而創業成功的人，最普遍具備的素質之一便是激情。

他們的體內似乎總有使不完的勁和源源不絕的想法。他們始終懂得，剛剛起步時最容易受挫，所以總能將各種積極因子融入工作中，這便是所謂的創業心態。當從事一份工作時，若能時常讓自己擁有這樣的心態，便可能花費更少的時間獲得成功。

五、無業警惕

古人說，生於憂患，死於安樂。居安思危必不可少，尤其在科技發展迅速的今天，因為受到網路技術的影響，一類工作或一個行業的出現與消失，都可能在轉瞬之間發生。所以，要想讓自己的工作和職業成為一棵常青樹，就需要長遠考慮，懷抱憂患意識，既要從大方面考慮較為整體的職業狀況，更要從小方面考慮對自身的培養。

要是能夠很好的實踐以上五點，那麼，你在自己所處的職業領域內，自會有所成就，取得更高層次的工作品質。有了這個前提，難道還會顧及自己是否能夠在社交環境裡很好的表達對職業領域的認識嗎？你早就可以口若懸河，將職業談論得頭頭是道了。

6——朋友緣怎麼來？就是互相直言卻不造成傷害

馬克思與恩格斯、管仲與鮑叔牙、俞伯牙與鍾子期，還有，演員黃渤與著名導演管虎。

古往今來，有很多生死相交或互為知音的人，他們的故事滲入歷史，慢慢流淌成了一段段諍友佳話。比如，馬克思與恩格斯、管仲和鮑叔牙、俞伯牙與鍾子期等等。

朋友是社會生活中，人們最重要的紐帶關係之一。要處理好朋友關係，並不簡單。在與朋友的日常交往中，難免會因為彼此間的溝通而造成誤會，從而使關係疏離。所以，如何交到一個值得信賴且無話不說的好友，是非常重要的事；與此同時，如何與朋友真誠相待，既能心無隔閡的交流，又不會輕易因為言語碰撞而發生誤會，也是非常重要的事。

黃渤是娛樂圈裡出名的老好人，也是非常有朋友緣的人。他和著名導演管虎自拍攝電影《上車，走吧》認識後，十多年來，兩人合作了很多高品質、好口碑的電影作品，共同付出不少努力，也收穫頗豐。管虎早已成為中國導演中的重要代表人物，因其實力而屢獲大獎；黃渤也經由多年奮鬥，成就自己的影帝地位和票房神話，是觀眾心目中絕對的實力派演員。他們兩人，就是一對非常好的朋友。黃渤曾經在很多公眾場合都有意無意的提到過與管虎之間的友誼，以及管虎導演對他的演藝生涯所起到的重要作用。

二〇一四年，《南方人物週刊》採訪黃渤時，就有他談論管虎的相關內容。

黃渤：「……管虎跟我說過一句話，我印象還挺深的，他說你別瞎接戲啊，你身上最寶貴的就是這點**真摯**、**真誠**，以及身體裡面最原始的東西。**這些東西磨著磨著就沒了**，我覺得也對。後來將這句話還給他。」

說到這裡時，記者問道：「他沒了？」

黃渤：「都沒了。其實他替我解答了這個問題。包括在拍《殺生》的時候，一開始那個結局可能不是那麼有希望，聊了七、八年劇本，到最後出現了一個孩子，給了一個希望的結局。我跟梁靜說過，我說管虎那麼一個混蛋，你非給他穿阿瑪尼（Armani，臺譯亞曼尼）。這個牌子的褲子，那個牌子的襯衣，襯衣領子還豎起來穿，那個邊兒還得挽起來。我說這還是他嗎？慢慢你就把這導演給毀了。他身子裡原來那股混勁兒，其實是他最寶貴的創作力。他慢慢開始喝紅酒了，慢慢成那樣了，我覺得那些東西是對他有損害的。再過了好多年，我們聊起這件事來，其實他解讀得特別好，說誰能拒絕成長啊！心中沒有的時候，你何必去留戀。身體裡已經沒有了，比方說**你已經不是一個像年輕時那麼容易憤怒的人了，非要去做出一個憤怒的樣子來，那也是很可笑的事情**。對我來說也一樣，此消彼長，**一些東西一定會慢慢丟掉的，找不回來了。但同時你一路還會撿到很多東西**，裝到身體裡面，這都是成長帶來的。」

朋友分很多種，從先人不斷發明出來的詞彙中，我們就能管窺一二，比如君子之交、貧賤之交、忘年之交、莫逆之交、刎頸之交、八拜之交、酒肉之交等等，有好有壞。當然，這些大都與古人交朋友或維護朋友的關係相關，現代人沒有那麼多講究，這些詞彙也就只剩形容的功能。黃渤和管虎，大概就可以用其中的某個詞彙來形容，他們是一對貨真價實的諍友。

所謂諍友，就是能夠對你直言不諱的朋友，他看到你的優點和成長，不一定會表揚和鼓勵，但是**看到你的缺點和退步，必然會出言規勸**，也許還絲毫不會顧及你的面子。在上面那段採訪實錄中，黃渤提到管虎對他說的那些話，唯有朋友，而且是真性情的好朋友，才會如此直白的表達和囑託。而且，也唯有實打實（按：實實在在不虛假）的諍友，才能聽得進去並且當作至寶記在心中。

而黃渤對管虎身上最優秀的那些品質也看得比較透徹，而且還在他面前直接表達過。更難能可貴的是，黃渤在記者的公開採訪中，能將兩人之間本屬於比較隱私的話題，坦坦蕩蕩都拿出來講給觀眾聽，拋開對觀眾帶來的啟迪作用不說，僅就他的這份誠懇與坦蕩的表達，就足見其對待朋友的赤子之心。

每個人都有朋友，而且在我們的人生道路中，都很難離得開朋友間的友情與互助，但是能夠實事求是，直接對朋友說出他身上最優秀的品質，又說得非常到位，而且不怕因直白而受朋友忌諱，就很難做到了。

當我們面對別人直接說什麼該幹、什麼不該幹時，既要對他有很深的了解，能保證一針見血的說到點上，是對眼光、見識與分析總結能力的考驗，更需要諍友間的那種坦率與赤誠。歷史上最著名的開明皇帝李世民與大臣魏徵，就是個非常能說明問題的例子。

雖然在高高在上的李世民面前，魏徵只是一個臣子，但是在很多時候，李世民都會把對方當作一位諍友來看待。因為唯有魏徵才能夠像好朋友一樣，滿懷赤誠的將李世民做得不好的地方指出來，並且告訴他應該怎樣做才對。

流傳後世的《諫太宗十思疏》，就是魏徵對唐太宗李世民所說的十個該做與不該做的方面：「君人者，誠能見可欲，則思知足以自戒；將有作，則思知止以安人；念高危，則思謙沖而自牧；懼滿溢，則思江海下百川；樂盤遊，則思三驅以為度；憂懈怠，則思慎始而敬終；慮壅蔽，則思虛心以納下；懼讒邪，則思正身以黜惡；恩所加，則思無因喜以謬賞；罰所及，則思無以怒而濫刑。總此十思，宏茲九德，簡能而任之，擇善而從之，則智者盡其謀，勇者竭其力，仁者播其惠，信者效其忠；文武爭馳，君臣無事，可以盡豫遊之樂，可以養松喬之壽，鳴琴垂拱，不言而化。何必勞神苦思，代下司職，役聰明之耳目，虧無為之大道哉？」言辭懇切，又毫不隱晦，直接將自己想說的話表達出來。

據說有一次，因為魏徵在大庭廣眾之下，太不給李世民這位皇帝面子，氣得他發誓要找機會把魏徵給殺了。經過長孫皇后的勸解後，李世民不但熄了怒火，而且對魏徵越發器重。魏徵死後，李世民痛苦不堪，說出那句流芳百世的名言：「夫以銅為鏡，可以正衣冠；以史為鏡，可以知興替；以人為鏡，可以明得失。今魏徵殂逝，遂亡一鏡矣。」其實，在李世民的心中，魏徵早已不只是一個臣子，而是身邊一位不可或缺的諍友了。

朋友之間能夠及時矯正對方走偏的地方，如鏡子一樣可以讓對方知悉缺點，進而能從中反思到自己身上，達到互相督促的目的。

黃渤在採訪中不但說出他認為管虎身上丟失的東西，同時也從中明白自己其實也在失去這些最原始本真的品性。雖然可能確實與成長有關，即便了解清楚了也無能為力，但可以肯定的是，與朋友能夠如此互相直言，真的非常可貴。

因此，與自己已經認定的朋友相處，就一定要以他為鏡，同時也做朋友的鏡子，看到對方的不足之處；要直言相告，讓他能在第一時間意識到問題所在，並且加以改正，才可保證朋友不在其他人面前或其他地方出現更大的錯誤。這也是與朋友相處時相當重要的說話藝術。

7——講故事，講好故事，講好自己的故事

語氣抑揚頓挫、毫無違和感的肢體語言，甚至用一些狀聲詞，讓黃渤說故事永遠活靈活現。

人似乎生來就有聽故事的愛好，在聊天時，總是更加鍾情於聽故事性比較強的話。本來麼，故事往往具備一定的情節，帶有更大的張力，也更能滿足人們的獵奇心理。所以，在社交場合談天時，恰當的將合適的故事引入話題，有聲有色的講給大家聽，就能夠增強說話的臨場感，給人留下好的深刻印象。

二〇一〇年，黃渤在《楊瀾訪談錄》中接受著名主持人楊瀾的專訪時，就講了很多拍戲時發生的故事。

當聊到拍管虎導演的《鬥牛》時，黃渤回憶起當時拍攝條件特別艱苦，每一個鏡頭都

會拍好幾十次。黃渤說：「就是覺得太不容易了，你沒經歷過就覺察不出來。本來要拍一個半月，後來拍了四個月了，天天是這樣。而且一個鏡頭拍幾十遍，（甚至）一百多遍，受傷無數。而且就有的時候那個人物感覺還不好找，主要是跟動物拍，它不是因為你演好了就行了，你演好了沒有用，你得等著牛好了。四個月每天從早到晚。當地的農民叔叔晚上就蹲在那兒看，看到九、十點鐘，睏得不行回家睡覺。我們一直拍，拍到一、兩點，或者是早晨很早就起來拍。他們醒了一出來看，怎麼我們還在那兒。」

針對拍《鬥牛》時的艱難，楊瀾說：「你給我舉一場戲說明這一點？」

黃渤講道：「就一場戲，牛在你後面，你只要前面把這詞說完了就行了，應該很簡單的。因為那裡面還要有情緒，還要有其他的，說說已經幾十次過去了，突然有一次你覺著這次不錯不錯，馬上就要結束了，特別興奮的時候，導演說停。我說又怎麼了，導演說你回頭看看，一看，牛已經走得很遠了。再來，一直演啊演，導演又說停。我問怎麼了？一看，牛蹲下了。再演，牛突然從我前面過去了。你就每一遍都得保持像第一次演得那樣，這個太難了。奶牛從前的生長環境就是吃吃、喝喝、擠擠奶、睡睡覺、溜達溜達，僅此而已。什麼時候脖子還掛過繩？什麼時候人牽著牠走，旁邊還有機器，會爆炸，有爆炸點什麼的？」

藉由黃渤所講的故事，我們能夠更加深切體會到作為演員的不易。通常情況下，觀眾對演員的了解，都是透過螢幕或採訪鏡頭來完成的，自然都是非常光鮮亮麗的樣子。很少有人能確切知道，演員在拍戲時，特別是拍攝一些條件艱苦的戲時，到底要受多少罪、吃多少苦。但當我們聽黃渤有聲有色，同時還帶點模仿的講出一些細節時，就會有更多的了解。實際上，這就是說話者透過故事形式，將聽眾代入彼時的場景或狀況當中，能夠或多或少體會到一點身臨其境的感覺，從而增強對對方說話內容的印象。

二〇一〇年，由劉偉強指導的電影《精武風雲．陳真》上映後，贏得了不俗的票房和口碑。黃渤在這部戲中飾演一個配角探長，雖然戲分不多，但他卻把這個小人物演得活靈活現。要成就一個好的角色，的確並非易事，黃渤曾在電影上映後接受《廣州日報》採訪時，講過拍攝其中一場戲時的故事。

記者問：「在片中你有一場戲是被扔雞蛋，拍的時候會很狼狽嗎？」

黃渤回憶道：「那個有點兒恐怖。關鍵是，被扔雞蛋的時候我一扭頭看見導演竟然一手拿了三個雞蛋，另一手拿了個大番茄準備親自示範怎麼砸我，這個有點兒恐怖。還好有個雞蛋衝我臉上扔過來，但沒打著。我就聽到『嗖』的一聲，擦著耳朵飛過去了。還有番茄，熟了的砸在身上還好一點兒，沒熟的打過來硬得跟石頭一樣，好痛。」

黃渤在講故事的時候，通常有個非常鮮明且有用的特點，那便是**他會加入一定的表演功**

力，並非平鋪直敘的將故事講給對方聽。在語氣上往往抑揚頓挫，或加上毫無違和感的肢體語言，甚至用到一些狀聲詞等等，像自己正置身於曾發生在身上的故事中，而不是在邊回憶邊陳述。以講故事的方式聊天，本來就可以增強自己說話的臨場感，黃渤總能將故事講得活靈活現，更讓聽眾可以產生較為真切的體驗。

二〇一一年，鳳凰網娛樂頻道採訪黃渤，他向主持人何東講述自己小時候的很多故事細節。其中提到在上中學時，他就已經透過去歌廳唱歌來賺錢了。

黃渤說：「牛啊，覺得挺棒的，經常有同學要求晚上唱歌一塊去看看，可惜帶不進去呀。我記得學校那時候不讓你去，而且家裡面老認為你這是……」何東補充說：「不是正宗。」黃渤繼續道：「不務正業，你知道嗎？你想晚上啊，什麼事大白天不幹，你晚上去幹，這一定不是什麼正常事。所以唱歌那種場所，尤其按那時候家長的觀念，怎麼可能是好地方呢？然後呢，我印象特別深，唱了沒多長時間，突然有一個南方老闆到這兒開了一個『海之夢』什麼的，就是專門演出的一個地兒。我第一回要六十塊錢一晚上，唉唷，我的天啊，真張嘴了，結果人家真給了，你知道嗎，我的天哪！然後問多長時間發，說攢一個月，一個月以後，我說這樣你再多攢兩天，我齊齊攢了兩千塊錢。那時候我媽工資多少錢？三百多還是多少，大概也就這樣吧。然後故意出去換……全換零鈔，厚啊，顯得厚。回來以後就整整的，沒什麼表情，開門把錢放好。

在這之前什麼故事，你知道嗎？就天天為了這錢來唱歌，晚上回去晚了，因為家裡人都睡覺了，回去要開門啊，就連用鑰匙開門都有訣竅的。鑰匙往裡面捅，先對好鎖眼——大人都睡覺了——『哢噠，哢喳哢喳，哢噠』到底了，然後進來提起來這麼擰（一邊在示範），擰完了以後，最後這下記住，絕不能慢，那個（插擰鑰匙）要慢，這個得猛開，因為一開慢了，『嗯——』有這個聲音你知道嗎……人進去了，然後『哢』關到這兒，再擰死。經常就是一系列動作做完了以後，回頭看我爹在那兒低頭看著我呢。所以說開工資的時候，我拿回去了，然後把錢往那兒一放，就斜眼看著父母的反應。這怎麼，誰的？我的。啊什麼？工資啊！什麼工資？這是晚上的演出費。就有點兒愣，你知道嗎？這怎麼可能有這麼多錢呢？唉唷！我的天，那真挺高興……你能靠一個工作拿回工資來，拿回演出費來。」

從整體的故事脈絡，到其中的一些小細節，包括聲音的模仿、動作的描述及當時的心理狀態等，黃渤都能夠精細又準確的呈現，讓聽眾在聽明白一件事的同時，還能產生很好的心理體驗，這就與他所描述的場景故事更加接近。聽黃渤說曾經發生在他身上或周圍的故事，彷彿不只是聊天那麼平面，還有點看小說或看電影的那種立體畫面感，有種想調動身體各部位一起來感受的小小衝動，這便是他作為一個說話者的功力所在。

我們在聊天過程中，之所以能夠經由聽故事產生強烈的臨場感，一方面是因為具備情節要素的故事，本身就是跌宕起伏的，它或多或少的生動性是與生俱來的；另一方面，在描述事情發展過程的同時，講故事的方法還能讓說話內容有如涓涓細流，在不知不覺間，將蘊含的一些道理或價值觀等內在事物，潤物細無聲的傳達給聽眾。無論這個故事屬於什麼樣的類型，是什麼內容，總會帶來回味的東西，有點餘音繞梁的意思。

我們評判一個人說話生不生動，決定性的標準可能有很多，但是否具備一定的故事性，是否在具備故事性的前提下講得錯落有致，肯定屬於標準之一。諾貝爾文學獎得主莫言曾提過，一個好的作家或小說家，必定是個很會講故事的人。在透過文字呈現的文學作品中如此，在日常交流中其實也是如此。只有能夠講出自己的故事，講好自己的故事，才能為談話內容增添不少分量，同時這也是對說話技巧的一種運用。

8——情景再現，直擊聽眾興趣點

一個人說話水準的高低，與他的人生閱歷、教育經歷、學習能力各方面都有關，是綜合因素的產物。

「情景再現」是電視節目製作中經常被提及的概念。很多播音員和主持人往往會藉由語言組織與表述能力，將已經發生過的事情的進展過程，**繪聲繪影的描述出來**，使聽眾或觀眾能夠在頭腦中展開再造想像，浮現出當時的人物、場面、情節等內容，形成一連串的畫面，並從中感受和體驗到一定程度的態度、情感和情緒。

說到底，要實現情景再現，需要說話人具備良好的口頭表達能力，能夠活靈活現的呈現出故事畫面。唯有如此，才更有可能擊中人們的興趣點，比較全面的調動起人們的大腦思維，營造出更好的交流效果。

作為一名實力派演員，黃渤在口頭表達時就具有較強的情景再現能力。他總是能透過良好的口才，加入具體的說話口吻和適當的肢體語言，將過往的事件表述出來，並較為立體的呈現在聽眾的腦海中。很多人喜歡聽黃渤說話，正是基於這一點。

二〇一三年，新浪網娛樂頻道採訪黃渤，記者陳弋弋提到黃渤飾演的《西遊．降魔篇》中孫悟空一角時，說：「我其實挺好奇你會接孫悟空這個角色。我當時看新聞說你演孫悟空，我就想，黃渤怎麼演啊？這個角色已經被高手演繹得非常經典了！六小齡童（按：本名章金萊，出身於「章氏猴戲」世家）那種京劇範兒肯定不能演了，周星馳那種金凱瑞的範兒你也不能抄吧，更何況說到底這孫悟空還是個動物！後來看完電影，我特別服氣，你居然能演出完全不同的一個孫悟空，有點兒二流子，有點兒妖氣，有點兒無賴，撇開兩個經典的範兒，生生的演出第三個經典，這個太牛了！我非常好奇，**這個角色當時你自己是怎麼想的？怎麼去設計的？**」

黃渤回答：「當時收到這個邀請時，第一想法就是不去，因為太難了。周星馳演的孫悟空，已經深入人心了。而且這部戲還是他來導，一切都在他的語境裡面，要怎麼出另一個孫悟空？我的團隊也好，周圍的人也好，一致意見就是——你接這個，就是找死麼。所以我一共推了三次，第一次是製片人聯繫，推了。後來**周先生親自給我打一個電話**，我跟他說：『您這個山太高了，我翻不過去。』算是第二次推。後來他又給我打電話，他直接問我：『黃先生，我就想問一下，**如果你要演孫悟空，你大概會怎麼演呢？**』這個我不能不回答，因為人家的誠意到了，人家的輩分也在那兒擺著呢，咱別太牛掰了。我只得實話實說：『我要是演的話，我只能想像一個在山下壓了五百年的人，他應該是蒼老、神經質、孤獨、怪異的；他看見唐僧的時候，可能會對對方說：噓……別動，你剛才看見沒有？小強剛從這兒過去！他已經三個星期沒出來了，我以為他生氣了，再也不來了，沒想到他竟然來了！然後很高興的趴在地上跟這個蟑螂聊，跟那個蜘蛛聊，包括講小強他爺爺、他爹是怎麼死的……。』等我說完以後，周星馳就在電話那頭說：『好！黃先生，我覺得你想得比我好啊，那就這麼辦吧！』我突然傻在那兒了，這話怎麼接啊？那就只有去了唄！就是這麼把這個角色接下來的。」

正如記者陳弋弋所講，孫悟空的形象，無論是主流傳統的，還是無厘頭和搞笑的，都已經被實力派明星發揮到一個很高的境地，要想從中取得突破，不受觀眾過多詬病，可能性微乎其微。但是，電影藝術的探索之路是無止境的，正如當初六小齡童對孫悟空的經典塑造「一統江湖」的時候，人們認為這個形象再也不會有什麼突破，結果就出來了周星馳版的孫悟空。此時，人們又覺得喜劇版的孫悟空形象到了顛峰，可周星馳卻又以導演的身分，想繼續塑造孫悟空。所以，才有了黃渤與周星馳這兩位喜劇高手之間的溝通情景。

黃渤在向主持人及觀眾講述這段往事的時候，並不是稀鬆平常的幾句話就帶過去了，而是在講述的過程中，自然而然的實現「情景再現」。從中，我們不難總結出一些值得學習的小竅門。

比如，**對別人原話的轉述**。黃渤在說自己與周星馳來回幾次溝通的事情時，直接以原話引述的方式，告訴聽眾自己當時是怎麼說的，以第一人稱來描述周星馳又是怎麼說的。在轉述的過程中，因為記憶等方面的原因，不一定能完全一字不落的說出對方的話，但大概意思必定沒錯。透過直接轉述，就使聽眾們得知周星馳與黃渤對話的具體情境，這不僅是喜歡黃渤的觀眾感興趣的內容，同時也擊中了那部分喜歡周星馳的觀眾的興趣點。可見，在說話時直接以轉述方式呈現別人的話語，對實現情景再現會更加有利。

再比如，**對自己當初想法的描述**。當黃渤在與周星馳溝通，被問到他想怎麼演時，黃渤將自己對角色的思考講給周星馳聽，不僅在當時讓周星馳的思路變得更加開闊，受到對方肯定和讚賞，而且黃渤在後來接受的採訪中，也原封不動將那時自己的思路呈現給觀眾，使得人們對他詮釋角色的心理過程有了較深的知曉，這就對觀眾更好的理解黃渤版的孫悟空起到了作用，也更有助於將大家的心理與電影角色設置之間的距離拉得更近，顯然也有利於人們在腦海中再現情景。

黃渤在與主持人對話時，不一定會想到運用這些方式來更好的呈現自己，進而能更好的將自己的說話內容展現給觀眾。但是我們的確能夠從他不經意的講故事過程中，挖掘出很多有助於我們提高自身說話品質的亮點來學習。

一個人說話水準的高低，與他的人生閱歷、教育經歷、學習能力、悟性高低以及各方面經驗等都有關係。可以說，說話的水準是綜合因素的產物，所以黃渤在表達時，很多被別人探究出來的優點，都屬於自然而然的發揮，這些優點對我們主動學習如何說話會起到很的大作用。

因此，我們在平時與人交流的過程中，特別是講到故事性比較強的內容時，切忌平鋪直敘或簡單粗糙的敘述，而是儘量啟動自己的思維與活力，使自己所說的內容能夠實現情景再現，讓聽者的興趣點被點燃，被儘量廣泛的調動起來。如此一來，說話者的感染力自然也就會增強。魅力即在口舌間，整個社交氛圍會因為口頭表達的方式不同而更加活躍。

9——以平常心說出曾經的尷尬

導演問，演劫匪的來了嗎？我說我是，他突然看著我：「這，誰讓你來了呀，這不胡鬧嗎？這哪行。」然後他就走了。

無庸置疑，人的一生中會遇到無數大大小小的事，它們共同構成一段豐富多彩的人生。其中，就包括曾經遭遇的尷尬。無論誰遇到的尷尬，都不願意提及，但是很多時候又避免不了。於是，有人遮遮掩掩，有人說謊不認。其實，遇見尷尬的事再正常也不過。當以一顆平常心來看待所遇到的不快時，它們自會變得無足輕重。所以，在平常說話時，要是涉及這方面的內容，大可以平常心大大方方的講出來，真誠自在其中。

黃渤向來被看作是娛樂圈中很少有負面新聞的明星，就是因為他真誠質樸，從不隱瞞自己過去在「底層生活」中遇到過的磨難與艱難，總是以真面孔示人。他留存於眾多粉絲心目中的印象，就是親切坦誠、性格飽滿，猶如鄰家大哥一般。

二〇一〇年，著名主持人楊瀾曾在《楊瀾訪談錄》節目中採訪黃渤時，就談論起他曾遭遇尷尬與打擊的話題，黃渤的一顆平常心令人刮目相看。

楊瀾問他：「受到最嚴重的打擊是什麼呢？」黃渤說：「去演楊亞洲導演的一個戲，第一次去說讓演一個小角色——劫匪，副導演就進來了，也不喊戲裡面人物的名字，他就喊劫匪來了沒有？我說我是。他突然看著我，『這，誰讓你來的呀？』我說哪個哪個導演讓我來的。『這不胡鬧嗎，這哪兒能行。』他就走了。」

楊瀾問：「為什麼呢？我覺得你演劫匪還有點兒像。」

黃渤說：「可能他覺得撐不起來，身上那個勁兒不夠。然後他就在門口那兒說了：『這角色戲不多，但是挺重要，你怎麼能亂找，這什麼東西啊這是。』我就在裡面聽著，清清楚楚就在那兒聽著。」

楊瀾說：「那你跟他說，你給我個機會，我可以演給你看。」

黃渤說：「沒有。然後服裝老師又進來，進來一看：『哪個是演那個劫匪的？我看看，喲，這孩子是有點兒文。』」

楊瀾說：「就說你太文靜了。」

黃渤細講道：「其實就是覺著不合適，但是已經馬上要拍了，也沒辦法。那個導演一直在外面嘟囔著，擔心過一會兒挨導演罵，到實際開始拍了會出問題。他想了一個轍，給我套上一衣服，然後就說這個袖子是挽上來，還是放下去，說讓導演定奪一下。其實我估計是想先讓導演看一眼，這個要是不合適的話，現在換還有半個到一個小時的時間，你再調人還行，你別到開始拍了才說不行，那時導演就會發飆了。結果導演沒說什麼，過去了，就開始了。」

楊瀾接著問：「然後你那場戲是不是演得凶悍可惡？」黃渤笑著說：「沒有，我就在心裡邊有那種感覺，就是怎麼著，我這場戲我要演不好……」

楊瀾補充了一個詞：「誓不為人。」

黃渤繼續說他當時的感受：「你知道嗎？就是**完全當你根本不存在，就在這兒當面侮辱你。**」

楊瀾說：「可我覺得人家也是無心的，當工作已經進入很緊張的一個狀態的時候，可能想不到這麼多。」

黃渤點著頭說：「可能是吧，但是你在旁邊聽，可太刺激了，就是『這找的是個什麼東西』，類似這種語言。『你這找的什麼東西，這哪兒能行，這不能胡來！』這種。好，就開始演。上去之前副導演一看我這樣，就特別擔心，然後過來說你記得過會兒上去以後，別看鏡頭，別笑，別什麼什麼。」

楊瀾說：「就給你囑託這種對群眾演員需要囑託的。」

黃渤應道：「人家說得也對，確實這不能看、不能笑，幸好那個戲，我拿到劇本了，我提前兩天就拿到了，那時候正好在進修，**沒事兒在下面琢磨琢磨**。好，上去了，演第一遍，演完了以後，停，好，過。我一看旁邊副導演，我說導演等會兒，我說這個我想要這樣再演一遍。他說好，試試。又演了一遍，好好，不錯，這個也不錯，好，過。我說導演還有一種，再這樣的……」

楊瀾笑道：「較上勁了。」

黃渤繼續講：「……他說不用了，剛才那兩個就很好了，後邊就一遍過，一遍過，整個兒拍了一晚上過去了。一回來，這個副導演過來以後就說，棒，剛才你一來我看著就可以，真不錯。雖然我沒法說什麼，但是心裡邊也是暗暗的出了一口惡氣。」

楊瀾說：「可能只能用自己的實力，只能一次一次去演，去把這口氣給爭回來。」

黃渤說：「對，其實就是這樣，**唯一能做的就是讓自己更強大**一點兒。」

楊瀾說：「也可能會讓你更多的去體會，這個影視圈裡的所謂人情冷暖。」

黃渤說：「正常，你回頭想其實是正常的。以前你在劇組裡邊，你可以碰到各種各樣脾氣不好的人，但是後來慢慢發現，周圍的人怎麼脾氣都變得越來越好了。」

楊瀾問：「為什麼呢？」

黃渤答道：「因為你看不到了而已。」

楊瀾說：「慢慢你是腕兒了。」

黃渤說：「開始對你尊重了，但是你回頭想想，其實**對你的尊重是靠這些獲得的**。」

從一個駐唱歌手，一步一腳印的成長為非常受大眾歡迎的實力派明星，黃渤走得艱辛而穩健。正如他所說，最初所受的那些所謂挫折或坎坷，成就了他後來的輝煌。很多人在成功以後，總是不願意提起之前曾經吃過的苦、受過的難，生怕會影響到自己的形象，而那些遭遇過的尷尬，更是諱不多言。

但是，黃渤卻能坦蕩的將自己的遭遇講給大眾聽，好像是在說一個笑話。從他的講述過程中，我們能感受到他回首往事時的絲絲心酸，但更多的則是釋然，是一份豁達的平常心。透過他的講述，我們可以感覺出，他能理解人的「身分高低」與「眼光差別」之間特殊又正常的關係，並且把它當作個人成功的必經之路或必要條件，這樣的心態著實難得。

當一個人遭受打擊，身臨尷尬時，通常會表現出三種狀態。

最常見的是會**覺得自己在某方面沒有得到認可，於是極力採取防禦措施來應對**。正如美國心理學之父威廉．詹姆斯（William James）所說：「一切與自身相關的事物，都會在某種條件下成為自我的一部分，所以在一定程度上，即使別人是客觀指出自己的缺點，由於感覺到自我受到否定，自然會做出防禦性反應。」這樣的做法，既是對自己不自信的表現，同時也說明自身的格局較小。

還有一種，是**好像沒發生過任何事一樣**。乍看之下，這樣的表現似乎很值得推崇，體現的也好像是心胸大度與寬廣。其實不然，因為如此表現的人，大多數在事後就會真的如此行事。也就是說，不管受到怎樣的打擊，有過怎樣的尷尬，對他們來說，都起不了任何作用，總一副無動於衷的樣子。不思進取，便是他們最好的寫照，表面的豁達體現的，實際上是內在的消極。

最後一種，正如黃渤所為。**你讓我尷尬，你說我不行，我偏要卯著勁兒做好給你看**。透過自己的努力，將自身的價值完美展現出來，這是第一步。然後，繼續以此為動力，**將鍛造自己的行為貫穿始終，同時又能對那些施予打擊的人給予寬容和理解**。等到再次提及往事的時候，已經用實力證明自己的你，便能夠以平常心，輕鬆自如與人談論，將你遇到過的那些所謂尷尬，絲毫不介懷的說出口。這才是最該採取的明智做法。

第 4 章

累計六十億票房，他一樣有迷茫和彷徨

有一位年輕的英俊小夥子問黃渤：「我想問一下，關於草根和高富帥的問題。很多人都說，您在電影裡，專挑草根演，但是您在生活中，是個十足的高富帥。所以說，您能為我們這些真草根指點迷津嗎？」

黃渤看著他說：「我到現在能想起來的真正快樂，其實就是草根階段。這個階段的滿足感來得特別快。現在特別想回頭能找到買第一輛摩托車那時候的那個快樂。」

1—對行業的惡習，能批評但不減熱愛

這個行業裡幹傻事的不少，看著都是一個笑話，可有時還得屈從。

俗話說：「三百六十行，行行出狀元。」社會上行業眾多，各行各業都有很多優秀人才。但無論哪個行業，都存在一定的陋習，要麼與行業本身有關，要麼與該行業的從業人員有關。作為從事某一行業的人，在談論到行業內的陋習時，該持有什麼樣的態度，也成為擺在我們面前的重要話題。

陳弋弋在二〇一三年採訪黃渤時，兩人就聊到影視行業裡的陋習問題。陳弋弋問黃渤：「你覺得什麼是傻事兒？」黃渤回答說：「我們這個行業裡面，幹傻事兒的還少嗎？為了怎麼著，一定得怎麼著！我自己看著都是一個笑話，當然不會去做那種事兒了。」

從整體社會的範圍來看，影視行業顯得比較特殊，說得直白點，它主要是依靠從業人員的自我形象吃飯的行業，所以每一個從影之人，都特別重視自己的公眾形象，在不遭破壞的前提下，還要不斷塑造和提升。因此，為了能夠不斷「上位」，難免會引發一些較為勢利的現象，而且出現機率也不可能太小。而行業內較有正直心的人，便會對那些現象生出厭惡之情。陳弋弋與黃渤談到的所謂「傻事兒」，指的便是演員所表現出來的不良做法。

陳弋弋接著說：「從理性來說，大家都明白演員只能靠作品來說話，但是真正當事情發生的時候，你發現很多人是撐不住的。也許一個平時一直都是靠作品說話的演員，但是某一天，在一條紅毯上，他突然發瘋了，做了一堆讓人完全震撼的舉動。或者一部戲要上，一個演員恨不得把自己的宣傳人員逼瘋，要上多少封面、多少頭條、多少焦點圖。」

黃渤說道：「這個基本上都是自己在跟自己較勁。我知道我們這行當裡，走個紅毯，藝人之間、宣傳之間就得較勁。各種好玩兒的規矩，比如誰非得跟誰一塊走！誰非得最後一個走！這個我特不理解，如果是一個剛入行的小孩兒，你把他放在最後面走，人家記者機器就收了，沒人拍了。如果是真的大腕兒，你放在任何時間段走，他該是焦點還是焦點。這麼爭有意義嗎？」

陳弋弋說：「這麼爭都成行規了。」

說到這裡，黃渤開始結合自己所遇到的一些情況，說了一些帶有深刻理解性的話：「當然，有時候也不得不屈從於一些職業做法，我的感受也特別深。有一年我作品突然特別好，任何活動，一去都是頭一排、正中的位置，坐那兒心裡特別舒服。但是我半年沒再出戲，再去那個活動，忽然就坐第三排了。我猛的一坐在那兒，心裡立刻不舒服了一下。但是突然我就釋然了，人往上走當然都是會很舒服的，同樣，往下走的時候，會特別難受。

你知道嗎？我第一次住五星級的房間，連看一圈廁所都覺得怎麼這麼高級，想拍照。下回改住標間（按：有兩張單人床的標準間），哪怕還是五星級，一定會難受。可往回想想，剛拍戲的時候，哪兒可能住五星級？有一次我去臺灣，有一個我很喜歡的歌手，他現在不太紅了，外出只能坐大眾運輸工具，他完全沒法接受跟其他人一塊兒去坐大眾運輸工具這件事。到哪兒都覺得別人鄙視的看著他，特別難受。為什麼明星容易抑鬱？因為他總覺得自己活在公眾眼中，一旦事業上、工作上的高峰沒法再突破，得到的關注度降低，觀眾的熱度降低，他那個時候的感受力會特別敏感，對人生的傷害會特別大。」

在這段話中，黃渤在揭示一些影視行業現象的同時，其實也闡述了幾條道理。一個明星在光芒萬丈的時候，走到哪裡都是人們最關注的焦點，大多數人都會圍著他轉，受到的重視非常不一般；可當他的亮點有所收斂或光亮逐漸退卻時，受到的待遇也會相應的冷淡下來。也因此，為了維持焦點形象，很多人就會想方設法採取一些措施，來不斷的搶占「高地」。如果做得稍微過火一點，難免會引發別人的厭惡之心。黃渤的幾句話，結合自己和他人的實例，就將這種現象表述得淋漓盡致。

但是，黃渤提到這些現象，並沒有對行業不敬的意思，他在演藝界打拚多年，進步不斷，對事業有著超乎尋常的熱愛。之所以如此不忌諱的說出來，反映的正是他對自己所處行業的最大愛心。唯有熱愛，才會看到其中的瑕疵，也才會將它點出來，認真給予反思。

而且，黃渤並沒有因為行業內存在瑕疵，就對它失去希望；沒有因為很多人都有不好的表現，自己就隨波逐流。他一方面對那些現象看得比較透徹，能使自己釋然；另一方面，他非常理解出現那些現象的原因，除了人的主觀因素以外，還有不得已的客觀因素。鑑於這兩點，他才能更加熱愛這個行業，儘量讓自己出淤泥而不染，同時對行業保有一份指謫的責任感。

前些年，網路上流行一個段子式的名詞解釋：「**什麼是母校？就是那個自己可能會罵千百次，卻不允許別人罵一次的地方。**」看似無厘頭的說法，卻是非常具有智慧的總結。如果把這裡的**「母校」換成你所從事的行業，道理也一樣**，它體現的是你對行業裡不好現象的理解式批判。自己批判它是因為它確實有值得批判的地方，類似於恨鐵不成鋼之意；而別人批判它，就會傷到自己對行業的熱愛之情。這份熱愛，包含的內容很豐富，其中就有理解與愛的成分。

從現實來看，有一部分人對自己所在行業的看法往往比較極端，要麼將它誇得完美無比，要麼把它罵得一無是處。這兩種極端態度，很明顯都不是客觀的看法。當置身於某個境地時，很容易會陷入「當局者迷，旁觀者清」的俗套中，不容易保持清醒的眼光與態度來客觀的展開觀察。說它完美無比，是因為你坐在這口井裡，沒有更開闊的眼界，自然看不到多少缺點；說它一無是處，其實隱含的前提還是「坐井觀天」，聽旁人怎麼說便跟著人云亦云。

因此，要想對自己所處的行業和你所在的崗位，保持客觀的認知態度，在發表觀點時能夠做到不偏不倚，就必須培養理解式的批評心態或**批判式的熱愛心態**，這樣才算具備一定的專業素養，能夠對一個行業進行合理思考與分析。唯有如此，當與人談論起自己最熟悉的工作時，才能說出頗具見識與思辨性的話來，讓聽眾知道你並不是一個「門外漢」。

2——誰的青春不迷茫

人最快樂的時候，其實就是「草根階段」。

迷茫是人們成長到某一階段時共有的一種情緒狀態，人的一生中，總會有迷茫的時候。青年作家劉同說：誰的青春不迷茫（按：劉同的同名書，在中國銷量超過兩百萬冊）。是的，人一生中普遍最迷茫的時刻，大概就是青春年少的時候了。

那麼，如果你是一個已經度過那段迷茫歲月的過來人，當遇到後輩們對你說，**他很迷茫，需要得到你的指點時，你會怎樣用語言去解決這個問題呢**？

二〇一三年，黃渤繼三年前接受楊瀾專訪後，再次走進節目單元《楊瀾訪談錄》，與觀眾聊起「在忙碌中清醒」的話題。到後半段與觀眾互動時，有一位年輕英俊的小夥子提問道：「我想問一下關於草根和高富帥的問題。很多人都說，您在電影裡，專挑草根演，但是您在生活中，是個十足的高富帥。所以說，您能為我們這些真草根指點迷津嗎？」

黃渤見提問者長得一表人才，非常帥氣，他並沒有直接回答，而是反問道：「不是，你平時回去照鏡子嗎？」

小夥子馬上意識到黃渤的意思，所以回答說：「照，外表可能有一點兒不是草根，但是內心是。」

主持人楊瀾接道：「他還是承認自己挺帥的。」

黃渤也笑著說：「對。他是用一個謙虛的態度跟我說呢。」

小夥子插話道：「我非常崇拜您。」

楊瀾幫小夥子向黃渤將問題清楚闡釋了一下：「但是我想他要說的意思是，還有無數的年輕人在掙扎著，希望能夠被認可，希望能夠實現自己的夢想。」

黃渤稍稍轉了身，對著觀眾席，說道：「別的我沒法給你太多的建議，但我有一點感受。我能夠感受得到的是——好，我們暫且說草根階段和高富帥階段，也就是別人界定你的成功前與成功後——**我到現在能想起來的真正快樂，而且獲得最多快樂的時候，其實就是草根階段**——你所謂的草根階段。這個階段的滿足感來得特別快。現在特別想回頭能找到買第一輛摩托車那時候的那個快樂。」

對黃渤有所了解的人都知道，他曾經做駐唱歌手很多年，而且也到全國各地四處跑場唱歌賺錢，迷茫過一段歲月，吃過不少苦。因此他對那位年輕小夥子提出的問題，其實有很深的體驗。所以，他從一開始就表現要認真對待的態度，不是三言兩語打發提問者，而是首先轉身面對觀眾席，既表現出一個已經走到一定高度的成功人士對普通觀眾的尊重，也能看得出他對這個問題的重視，因為在他心裡，實際上始終隱藏著一份幫年輕人解惑答疑的責任。

當然，黃渤也並不是一出口，就拿出成功人士經常喜歡呈現的那種居高臨下的姿態，對提問者指指點點，而是首先肯定這個階段是該快樂，也確實會很快樂的時期，一下子就將自己的姿態放到與迷茫的年輕人同樣高的位置。如此一來，聽眾們能感覺出與他之間並沒有多大的心理距離，頓時就獲得一定的輕鬆感。而且，他也不是一味的講出一堆大道理說教，而是以自己曾經買摩托車的經歷為例，開始娓娓道來。

楊瀾接著黃渤的話提出要求：「那你給我們描述一下**你買第一輛摩托車的時候吧**。」

黃渤說：「二手的……好像是一千來塊錢，那時候是九幾年，還可以了，是一個小的鈴木五十。那時候可高興了，因為你買不了趴賽（仿賽摩托車）麼，當時是想買趴賽的。那個鈴木五十你知道多大嗎？大概一個臂展長，就這麼大點兒（一邊說著，一邊張開雙臂比畫起來）。但就那樣，也得騎出姿勢來，把屁股放到最後面，然後趴下，後腳搭到後邊擱東西的那上面，形態就比較像趴賽了。」聽黃渤將故事講得這麼細緻幽默，提問的小帥哥笑得很燦爛。

黃渤繼續說道：「有的時候還把那個排氣管子摘了，因為那樣聲音大，啪啪啪，感覺特別快樂。對，那時候，多開心多快樂啊。所以現在不希望迅速達到一個目的地，其實『在路上』那個感覺是挺舒服的。」一邊說著，一邊又望向觀眾席。

楊瀾問：「但是，你現在還能理解作為一個草根的心態嗎？」

「當然理解，我當然理解。」對楊瀾說完，黃渤自然而然的再次將頭扭向觀眾席的方向，頗顯認真的說：「我就說，**別把最後的結果當成唯一的，其實用心享受在路上的這個過程是最好的**。」黃渤的這些話一說完，觀眾席上掌聲四起，大家都被他的故事所打動，也的確在他的話語裡受到了一些啟發。

在黃渤參加的這期節目中，自從觀眾提問後，黃渤有好幾次將身體轉向觀眾席，向在場的人們表達他的看法，鼓舞那些以提問者為代表的迷茫年輕人。與人說話，眼睛盯著對方，不要左顧右盼、漫不經心，這表達的是最起碼的尊重。黃渤沒有因為對方比自己年齡小，而且是不起眼的普通青年，就不尊重他；也沒有因為楊瀾是非常著名的主持人，就只照顧到她的感受。這樣的做法，使觀眾們覺得倍感貼近。

當迷茫的年輕人提出問題時，他們心裡首先備著一份期待，極其希望能夠得到一些啟發和建議，哪怕是一絲安慰也好。而且，聽慣前輩說教的他們，最不願意接受的說話方式，便是很多所謂成功人士自認為了不起的指手畫腳，告訴他們「怎樣做才會成功」。所以，如果你是一位在年輕人眼中比較成功的人，遇到需要安慰他們浮躁而迷茫的心態時，最應該設身處地站在他們的角度，試著與他們的心理狀態取得一定的交融，比如像黃渤一樣，首先承認迷茫是存在的，自己也是那樣走過來的，並用一連串好玩的例子來說明。然後，再進入真正的安慰階段。如果之前沒有鋪陳，使他們與你達成心理上的共識，無論你說什麼話，都不會起到作用。

安慰別人，一般要能使對方帶有沉淪色彩的情緒，得到一定的慰藉，獲得一定的昇華。黃渤幽默風趣的講解他以前經歷過的酸甜苦辣，然後告訴處於青春迷茫期的年輕觀眾，等你終有一天取得一定的成就後，再回頭來看當初的階段，必然會明白，那才是你最輕鬆、最快樂的時候。迷茫是正常的，但不應該埋怨或選擇逃避迷茫。那時的你雖然辛苦，但也過得簡單；雖然似乎什麼都沒有，但又充滿了無限可能；**雖然不知道路在何方，但只要朝著一條路走下去**，它很可能會成為你的正確方向。

3——就算是「當父母」，你也不可能準備好

我們要把愛給孩子，但不能成為孩子的附屬品。

孩子在父母眼中，永遠重於一切。大多數人在有孩子以後，總會非常疼愛，含在嘴裡怕化了，捧在手中怕摔了。甚至有的家長因為太過溺愛，將全部的愛都給孩子，從而失去自我。在中國，很多家庭的事都會圍著孩子轉，所以小孩也就有了「小皇帝」的戲謔稱號。

父母們聚在一起，談論最多的往往是自家的孩子。彷彿每個做父母的，都有自己獨到的一套教育理論，但共同點都脫離不了「怎樣做才算是對孩子最好」。本來這也沒什麼問題，但時間一長，家長們之間似乎都忘記談論與自己有關的話題，如果從別人口中聽到自認為更好的方法，總會在回到家後一股腦的付諸到孩子身上。

很明顯的，這樣做最不好的一個後果，就是造成孩子對父母的依賴性越來越強，其實對孩子的成長是不利的。反之，身為父母，也會將孩子的一切無限放大，以至於在向別人，特別是向那些新進父母傳達育兒或教育經驗時，就會將之前做得也許不算好的方式做法傳

播出去。

我們沒少遇到這樣的場景：孩子已經很大的父母，對剛有孩子的年輕小倆口誇誇其談，甚至是理直氣壯。稍微有點理性的人，很容易就聽出他們所談論的內容中有諸多不合理之處；可是，那些自認有經驗的父母，難道是因為不懂或不夠聰明而不知道自己在教育上的缺點嗎？也許有的家長的確如此，但更多的則是已經沉浸在自己所謂的好經驗和好方法當中，很難再站到更高、更客觀的角度去反思自己，這便是失去了自我意識的表現。

所以，在談論有關孩子的話題時，說話方法尤其重要。二〇一二年一月，剛有了女兒才半年左右的黃渤，在《魯豫有約》節目採訪中，與主持人陳魯豫就談到與對孩子的愛有關的話題。

陳魯豫：「（與女兒）能有互動了嗎？」

黃渤：「會咿咿呀呀的，但是還沒有那麼……還沒法做正常的交流。」

陳魯豫：「那如果以後拍戲需要離開她很長時間，你怎麼辦？」

黃渤：「就目前想的還好吧，應該問題不是太大，但不知道到那時候會怎麼樣。」

陳魯豫：「可是你想一旦你要拍戲，離開很長時間的話，你可能會錯過她（的成長）……比如叫第一聲爸，走第一步路。」

黃渤：「你別跟我提這個（笑）。我一想，對，是哈，那沒辦法，那怎麼辦啊，我不是還沒到那麼成熟麼，我也沒太想清楚，但我覺得我可以把我的愛給她，家裡邊所有的人都可以把愛給她。但是我們要幫助完成一個她自己，同時在這個過程中，我們不能喪失了我們自己，也不要被她影響得慢慢就成了這個個體的一個附屬品，每天在幹這幹那。」

陳魯豫：「你該幹麼還是會去幹麼。」

黃渤：「我目前是這麼想的，過一段是什麼樣兒，就不知道了。」

在這段對話中，黃渤明確的說出教育孩子的觀點。首先，他會和家人一起，將父母或其他長輩該付出的愛，義無反顧給自己的女兒，這是無庸置疑的；其次，給孩子愛並非一味的溺愛，而是有助於孩子更好成長的愛。這就是黃渤所說的：「我們要幫助完成一個『她自己』」——所有做父母的，在賦予孩子無私之愛的同時，**讓孩子成長為一個擁有獨立人格的個體**，這既是愛孩子的方式，也是愛孩子的目的；再次，在愛孩子的同時，也別忘記**父母也是獨立的個體**，誰都有一個內在的自我，不能因為多了一個值得自己付出無限愛的人，就忘記了自己。假若真是如此，實際上既對自己不負責任，也是對孩子不負責任。

身為一個頗具影響力的公眾人物，黃渤透過媒體向億萬觀眾表達的教育理念顯然非常合適。不過，作為一個理智而聰慧的人，黃渤也給自己留了說話餘地，過段時間他會不會改變，也還是未知數——這樣說本身也是比較聰明的說話之道。

緊接著，黃渤談論作為父親在有了孩子後的喜悅與責任。

陳魯豫：「那你內心的那個『孩子的你』還在嗎？」

黃渤：「還在啊，就是說實話，一開始我就對這事兒挺害怕的，老覺得這個⋯⋯」

陳魯豫：「當爸的事兒很害怕是嗎？」

黃渤：「對，我老覺得一有了小孩了，這是不是自己前半生就過完了，開始過後半生了就覺得，還是有點兒⋯⋯但是真的就是一步一步的走到這兒了，然後就坦然面對吧，還是接受。」

陳魯豫：「你沒熱淚盈眶嗎，你抱著小孩那個第一瞬間？」

黃渤：「沒有，我當時還覺得挺奇怪的，怎麼突然出來個小人兒，然後我就得欠她一輩子了。每個人對這件事情的反應都不一樣，我一開始還覺得老是不太敢相信這事兒，你知道嗎？」

陳魯豫：「那現在呢？」

黃渤：「現在慢慢就開始收穫喜悅，每天看她咿咿呀呀的高興啊什麼的，覺得挺好玩的，我也相信就我現在這嘴硬不知道能撐多久，因為以我的性格，我估計我擔心有一天就完全投降了，就完全不會了。」

陳魯豫：「肯定是，爸爸對女兒是沒有辦法的那種感覺。」

黃渤：「可能是。」

陳魯豫：「可能是。你就會一輩子欠一個人。」

黃渤：「對啊，我說這憑什麼呀？」

陳魯豫：「不憑什麼，就因為你是她爸。」

黃渤：「對呀，對，就是忐忑的面對著，而且就是不知左右的在準備接受著。」

陳魯豫：「但我覺得這樣挺好的，之前該付出的努力也付出了，該有的收穫也有了，然後還多了個孩子，多好。」

黃渤：「尤其是有了一個小寶寶，能讓你想開一些，就是在半山腰挺好的，山頂風太大，我特別希望能在這個階段。包括享受家庭的生活也好，或者說享受自己工作事業上帶來的快樂也好，希望不要太快，我就希望慢慢來，就是說你在半山腰也能瀏覽一下美好景色，但是還有繼續攀爬的空間，就是我還希望晚一點兒往山頂上去。」

陳魯豫：「對，這才哪兒到哪兒啊。」

黃渤：「對。」

黃渤並沒有一味談論有了孩子後，自己心情多麼喜悅舒爽，而是完整講出自己的心理轉變過程：首先是**害怕**，一方面多了一個需要自己照顧的人，也就多了一份擔當，對這份擔當有所擔心，體現的是他知道自己該有更大的責任心；另一方面也**對自己的人生進行了一些思考**，因為從此以後他跟之前就該有所不同，如果自己之前在沒有下一代的時候還算個孩子的話，那麼從此刻開始就應該是需要照顧下一代的大人，這是人在現實中的成長，也是心理上該有的成長表現。其次是**坦然面對和接受**：生兒育女是很正常的；有了這個事實，即便還沒做好太扎實的心理準備，也應該瞬間讓自己接受這份責任與擔當，明確的告知自己，從此你將與以往不同。實際上，無論是誰，無論提前做了多大的心理準備，當你初為人父母，似乎都會覺得自己有點準備得還不夠充分，因為身分的轉變從來都不是那麼簡單而順暢的。

黃渤還另外說出最重要的一點，便是有了孩子後，對他的整個事業和生活都帶來影響。**除了該承擔的責任以外，還有對享受生活和工作樂趣的更多思考**，比如想開一些、希望「半山腰」的生活狀態持續的更長一些。同時，前方還有空間供自己提升。也就是說，在注重生活品質方面會更加注意。

黃渤所說的這些與孩子有關的話題，看似並沒有多少內容，卻說得非常到位，幾乎每一個觀點都恰好表達出最該注重的地方。愛孩子理所當然，不因此失去自我，也是天經地義的事。在孩子面前不要喪失自己，也為孩子的成長樹立了自立和自愛的榜樣，而將這樣的理念傳達給大眾，體現的是說話者在某特定方面的思考和口頭表達思考的能力，還有更高層面的公眾責任心。這些，全是值得我們好好學習的東西。

4——聊天時你敢正視自己的短處嗎？

做很多人在成功之後，恨不得能坐上時光機回到過去，
將所有的人生瑕疵都給擦除乾淨，或是別人問起打死不認，
這都是不能正視自己的行為。

《楚辭．卜居》中說：「夫尺有所短，寸有所長，物有所不足，智有所不明，數有所不逮，神有所不通。」每個人都有自己擅長的領域，也有自己的缺點。當拿自己的長處去與別人的短處比較時，自然會大放光彩，可當薄弱的地方遇到別人的優勢時，在瞬間被擊倒也是正常的。

我們在看待水準與能力的問題時，**要以發展的眼光和辯證的觀點來正視**。既不能因為自己展露了優勢就對別人嗤之以鼻，也不能因為自己在不擅長的那一方面露餡就妄自菲薄，更不能因為自知在某方面有缺點就遮遮掩掩，無法豁達的對待。正視自己的優點與缺點，是最健康也很積極的生活方式。尤其在平時的聊天中，如果能夠坦然談論自己的短處，不

僅不會讓人覺得你水準和能力不夠，反而還會增加別人對你的印象分，感受到你的坦誠與可愛之處。

二〇一一年八月，黃渤在接受鳳凰網娛樂頻道專訪時，向著名娛樂記者和主持人何東講述他在成名之前，曾經參與創辦企業時的窘況。可以這麼說，開工廠做生意這種事，黃渤對它沒有絲毫興趣，做得捉襟見肘，處處遭遇尷尬與無奈，而這本來就不是黃渤擅長的工作領域。

何東問：「一九九六年，你就一猛子紮（按：一頭栽下去）回青島真做生意去了？」

黃渤不但沒有一絲一毫的隱藏，還主動講了很多細節：「我現在回頭想，都不敢想像，那時候是做了夢還是怎麼回事，也真是挺好玩的。你如果熟悉工廠，就應該知道車床是什麼東西。但是我當時根本不知道什麼是車床，就回去開工廠。然後要買設備，跟人合作。我跟一個韓國人合作開廠，整理了一些清單，需要買加長的二十還有三十的車床，就去機電商場的櫃臺看，一溜兒的找。因為之前看過的是圖片，圖片上多小啊，我哪兒知道實際多大？就趴在櫃臺上一排一排看，沒找到。我想，要先看車床是什麼樣的，有沒有比較。後來我就問，這種車床你們有嗎？櫃員說，有啊！我就問在哪兒，怎麼不擺在這兒。他說在倉庫呢，這兒也擺不下呀！我就沒敢再說，去了倉庫一看，這麼大一東西，這才知道，車床是個什麼樣的設備。人家都奇怪，一般買設備，哪兒有不是內行的？哪兒有說外行去買這東西的？就人家跟我說的那幾個技術指標，我是完全不知道，完全聽不懂。得，是不是這個吧！就是這個，行，拿走。我就帶著這個機床，回去了。

回去以後就開始行動，可是我又不懂技術。然後就去採購吧，慢慢就熟了唄，天天接觸軸承、不銹鋼、鋼管，各種價格也就摸熟了。因為老採購，客戶老請吃飯。開車去了飯店，大家坐一桌子。介紹一下，這個是不銹鋼張老闆，這是軸承李老闆，這是量具王經理……你好，這是黃總。大家就坐在一塊兒開始聊，聊聊鋼材，聊聊最近的價格，然後說說哪個廠子的品質好。聊來聊去吧，越喝越多，回頭再一想，真沒什麼好聊的，因為真不是興趣相投，真的叫『話不投機半句多』。但是為了熟悉這個行業，又不能不聊。慢慢的就喝大了，最後司機把我給扛回去了。躺在車上，迷迷糊糊看著外面的車影一道一道往後飛，自己都想罵自己一句，幹麼呢這是？真是可笑。

你知道，有時候人真是挺可笑的。而且更可笑的是，因為不會做生意，我買東西也不喜歡賒著帳，而別人的做法都是你先給我東西，記上我第一次採購了多少東西，等我下次再採購的時候，給你結上面的百分之多少，永遠有一個壓著。公司內部也有個流動資金，這部分錢是活的，可以拿著錢去做其他的項目。我就不成，我這腦袋不好用，怕忘了，買了東西就趕緊催會計快給錢，別人從沒有我結得那麼利索（按：俐落明快）的，一般到年底還被催帳。在我那兒從來沒有這樣的，我都是現款現結。也就因為這個，人緣結下了。

一九九六年、一九九七年突然來了亞洲金融危機，尤其對韓國影響不小。我們的業務中也有針對韓國的一些機械設備。金融危機一來，所有人都賒帳拿不到東西，但是我能，因為我信用太好了。你知道，我之前從來沒欠過錢，現在拿東西，什麼東西都賒，結果賒得越來越多。一開始是幾十萬，後來是幾百萬，幾百萬賒下來以後有點兒擔心，誰知道金融危機什麼時候會來。設備人家還繼續要，但是錢打不來，又要繼續做新的設備，進新的材料，就這麼迴圈。結果，賒的越來越多。而且別人知道我這是一個針對韓國的企業，韓國的金融危機那麼嚴重，誰知道什麼時候過去，萬一你的這個企業破產了呢？於是，就慢慢開始有來要帳的了，因為實在是欠得太多了。我那時候也不是不想給，但是真沒有啊。

那時候，真的是經歷形形色色的人生百態，在生意好的時候別人對你的態度，跟你沒錢的時候那副嘴臉，真的是不一樣。還有，他們又怕把你得罪了，因為你得知道來了錢以後先還誰後還誰，這還有個學問。客戶們依然請你吃飯，以前我家裡電話從來沒給過別人，我手機一關，他們也沒辦法。後來不行了，家裡都來電話，不停的響，接了電話，對方就說中午一起吃飯啊，在哪兒哪兒，沒事兒，我這就去接你。『啪』的把電話掛了。你說你躲人家，也覺得老不好意思了，行，來吧，來了也好跟人解釋解釋。結果去了人家壓根兒跟你不提還錢這事兒，一頓胡吃海喝，**喝完了以後，快喝醉了，對方就開始跟你套錢的事兒**，就開始聊到正事上。一聊到錢，真是掏心挖肝的在那兒說，讓你覺得這個人真好，真可憐。我那時候是真沒錢，我要是有錢，一定當時就給了。那表演，比什麼都真誠，太真誠了。但是等你回頭酒醒了以後，再想這些，才明白都是套路。來了以後不聊事兒，全聊感情，聊完了以後，最後說到錢的事兒上，一把鼻涕一把淚的。我也想還錢，沒有啊。

還有在工廠裡，或是公司裡，突然來了很多站崗放哨的，還不讓員工告訴老闆。我說這怎麼辦？已經跟人說了好幾天了，說過兩天就有錢，現在還是沒有，這再怎麼說呀？公司裡屋有個祕書，我就說你給擋一下，說我不在。我就在裡屋待著。祕書去跟人家說了，對方說那我等等吧，我就在裡屋聽著外面的動靜，聽得清清楚楚的。他們就一直在那兒訴苦，我自己也覺得挺不對的，但是怎麼辦呀？在外面聊聊，一坐就是好幾個小時，我自己在小屋裡面悶著，上廁所都出不去。後來好了，人終於走了，走了之後我可算出來了，仰天長嘯，這怎麼辦呀。剛說完，人家掉頭回來了，東西忘拿了。唉唷，一見面，那個尷尬呀！恨不得找一個地縫鑽進去，你知道吧？所以我跟你說，之前的這些林林總總，現在回過來想，對現在自己的表演，其實真的很有幫助。人的閱歷真的就像一個大硬碟，不斷往裡面裝東西，裝了不少的東西。」

黃渤對何東說的這些曾經活生生的發生在自己身上的故事，幾乎全是他在做生意過程中展現出來的短處：不了解行業、不會經營工廠、遇到金融危機時手忙腳亂、生意應酬中各種對付、**被別人逼債逼得躲躲藏藏**等等。這些事情，不光是有點尷尬的問題，而是實實在在遇到的與生存和生活息息相關的現實，可是在他心裡留下的印象非常深刻。

當成為一個名人，曾經艱難的奮鬥歷程仍是人生的重要組成部分，永遠都無法抹去。因此，在與別人談論到相關話題時，最好的辦法就是坦然正視。很多人在成功以後，恨不得能坐上時光機回到過去，將所有的人生瑕疵都給擦除乾淨，被別人問到時，要麼搪塞過去，要麼一副打死不認的樣子，再不就是極力辯駁，這些都是不能正視自己的行為。

黃渤在說起不堪回首的往事時，能夠淡然談論，像回憶別人的故事一樣有聲有色的講出來，胸襟開闊，讓人能夠清清楚楚看到他內心最健康的一面。而這些，對他後來在演藝事業的優異表現，以及在粉絲和觀眾心目中留下的美好印象，沒有絲毫影響。因為誰都清楚「術業有專攻」的道理，任何人都不可能是全才，長短強弱在每個人身上都是自然之理，只要能夠正視就好。

關於長處與弱點的辯證關係，中國古代著名史學家司馬遷在《史記．孫子吳起列傳》中記載的「田忌賽馬」的故事，就能很好的說明。

齊使者如梁，孫臏以刑徒陰見，說齊使。齊使以為奇，竊載與之齊。齊將田忌善而客待之。忌數與齊諸公子馳逐重射。孫子見其馬足不甚相遠，馬有上、中、下輩。於是孫子謂田忌曰：「君弟重射，臣能令君勝。」田忌信然之，與王及諸公子逐射千金。及臨質，孫子曰：「今以君之下駟與彼上駟，取君上駟與彼中駟，取君中駟與彼下駟。」既馳三輩畢，而田忌一不勝而再勝，卒得王千金。於是忌進孫子於威王。威王問兵法，遂以為師。

一個人的長處就相當於上等馬，短處則是下等馬。「古之聖人，其出人也遠矣」，何況是芸芸眾生？因此，在與別人聊天時，敢於正視自己的短處，是聖人之舉。即便聖人的概念只是個傳說，但我們能夠以實際表現來正視自己的缺點所在，也是比較明智的做法。不過，也不要動不動就拉出自己的「上等馬」與別人的「下等馬」去比較。當別人迫使你拉出自己的「下等馬」遛遛時，也根本不必為難，因為你要**清清楚楚的知道，自己至少也是有一匹「上等馬」存在**。

5——你信命運這兩個字嗎？

命運是很奇怪的東西，你得學會「軟堅持」。

「你相不相信命運？」

「你覺得自己的命好嗎？」

「這都是命啊！」

在日常生活中，幾乎所有人都聽過關於宿命論的討論。對命運的看法，一貫比較高深，屬於哲學範疇的話題，也涉及唯心與唯物層面，稍不注意就會掀起針鋒相對的討論，諱莫如深。

人們往往相信命運的安排，「人在做，天在看」、「冥冥之中註定」、「謀事在人，成事在天」等等，這些很常見的說法，都是有關對命運深信不疑的態度。反之，「天才就是百分之一的靈感，加上百分之九十九的汗水」、「勤能補拙」、「子不語怪力亂神」等等，表達的則是不相信命運，只相信客觀事物的態度。人作為高等動物，在很多客觀實際方面都已達到一定的認識高度，也創造了無數的理性成果，但同時的確還存在著大量未知與不可控的東西。因此，關於命運的說法，從來都處於探討的過程中而沒有定論。

所以，如何表達自己對命運的看法，是時常會遇到的問題，也是很難擺脫直接面對和談論的話題。那麼，當你遇到類似討論時，該怎樣回答呢？看來似乎無論如何回答，都不會涉及是非對錯，可畢竟單純的從回答層面來分析，也會有個與說話水準相關的高低之分。

在二〇一一年新浪娛樂頻道採訪黃渤時，何東也向黃渤問到類似的問題：「我最後有個私人問題，你唱歌十多年，又演一部部電視、電影，然後一九九六年煞有介事的當老闆。繞了這麼多的人生圈圈，你走到現在，你信『命運』這兩個字嗎？也就是說，我想問你的是，你黃渤對自己有的東西是不能左右的。」

何東作為一貫被認為有深度又比較刁鑽的娛樂記者，很多情況下所提出的問題都不好回答。此時，他所提的問題，就是讓黃渤回答，在對自己人生的很多方面不能左右的前提下，對命運的看法。

黃渤是這樣回答的：「命運這個東西吧，怎麼說呢？沒法說信或者不信，也沒法說信或真的信。為什麼信命運呢？為什麼當時有那麼多唱歌的出來：滿文軍、沙寶亮、『零點樂隊』……難道周圍真的就沒有比他們好的了？一定有。但是為什麼是他們成名了呢？在我去北京的時候，沙寶亮已經在這裡唱了好長時間了，臺上臺下，能唱能跳，他怎麼可能不出名呢？他真的是很有實力……多少年以後，沙寶亮因為一曲〈暗香〉才紅了起來，那麼之前的那些年對他來說是公平的嗎？可以說他是命好，但他如果不堅持，可能也就沒有成名的機會了。滿文軍在我去北京的時候，已經快唱十年了，但他一直堅持著。你說那真的就是命嗎？最終他成名了，可是他如果沒有堅持，他會有後來的成就嗎？我覺得好多東西都是對立的。拿我自己來說，你說是命嗎？也是命。我長成這樣，何德何能？戲讓我演著，還給我各種獎項。這不是命是什麼？我還陰差陽錯的，就開始演戲，並且演得還不錯。但是回頭講，記得以前我講過一個詞——**軟堅持**，是我自己總結出來的。

「你如果說，演戲、得獎之類的事情，我在五年之內、兩年之內，一定要擠破頭也達到目標，我抽了血我也得去拚，就太急功近利了，我從來沒有那樣想。我過去又是唱歌又是幹工廠，後來又回來唱歌這些經歷，是因為一直有個好的目標牽引著自己的堅持，讓我能一直不斷的往前走。包括後來我開始演戲，演戲是為什麼？我喜歡這東西了，它對我有吸引力，它一直是我的動力，我就是在為之而努力著，**為之而不懈的使著勁兒**，你卯足勁兒才能在這條路上走。也只有你走在這條路上，**才能碰到命運的那根小指針**，它才有機會把你提起來。你不走哪兒來的命運？就像我，要是一直回去幹工廠了，現在就能演戲？這不是開玩笑麼！誰叫你過來演戲，怎麼可能呢？」

由於是面對面的採訪，所以黃渤在表達時，語句和用詞上有些凌亂，但他想要說的意思，在邏輯上是比較清晰的。關於命運，他不能直接回答相信與否，畢竟與命運相關的因素有很多，而且概念也比較含糊，範疇又很廣泛，要想單純回答相信或不相信，都不好做到。因此，黃渤選擇用實例來讓高深的問題落地，讓抽象雜亂的內容變得明晰一些。

黃渤列舉了在他唱歌時，和他同一時期拚搏於歌唱界的歌手，他們一直堅守著，付出巨大的努力，最終獲得了成功；要說是命運使然，也沒什麼錯，因為一直在這個領域裡奮鬥，最終的結果自然成了自己的命運。而我們能從這個所謂的命運中看到的緣由，就是**作為一個奮鬥者的拚搏精神和勇於堅守的意志**，包括黃渤自己。他在演藝界和商場中混了那麼多年，最終沒有獲得多少使人較為信服的成功，說是命運的原因，是有道理的。但歸根究柢，命運並不是人們所說的未知領域，而是自己在這些方面存在著一些欠缺，比如沒有遇到恰逢其時的機會，沒有長期不懈的堅守下去，甚至沒有那麼大的愛好與興趣。

可見，黃渤回答「命運」的問題，並沒有聚焦在可以用於推卸自身責任的範疇當中。比如，很多人在做一件事沒有獲得成功或取得一定的成就時，就自然而然的**推卸說，這都是命，而不在自己身上找原因**。黃渤肯定了自己相信命運，只是他將命運理解為與自己的恆心、毅力、意志、努力，以及對機會的把握等緊密相連的東西，無論最終獲得的是什麼結果，都是源於自己之前在奮鬥道路上一步步的沉澱與積累。

如此理解和表達對命運的看法，既是對自己的人生負責，勇於承擔一切人生結果的表現，也極具勵志性，對其他人會形成一定的鼓勵。試想一下，如果根本不肯定「命運」這一概念，將自己的成功歸結為偶然，那麼無論你說得如何好聽，都不會對別人產生太大的積極意義；而如果完全肯定命運，以及那些自身之外的其他諸多因素，同樣對他人沒有多少激勵作用，人們會像守株待兔般去**等待外部的時機來臨**，把自己的最終收穫與外界的因素聯繫得更加緊密，**從而失去自身奮鬥的動力**。

因此，唯有肯定命運的存在，並且將它闡述為與每個人自身有直接關係的因素，才是對自己所經歷的一切最科學的理解，也才能對其他人形成一定健康而積極的影響力，發揮出它該具備的社會責任，特別是話語較受大眾關注的公眾人物。

綜上所述，我們在日常交往過程中，會碰到各式各樣的話題，無論是否承認它們的重要性，都不可能抹去它們存在於社交中的意義。我們平時可能無心談論的任何一個話題，都會對別人產生影響，所以選擇如何去回答和探討，是需要技術含量和社會責任心的事。不要以為它們與自己無關；要知道，唯有站在一定的高度，才能將自己的格局逐步打開，使自己得到更大的提升。

6——與人聊天，千萬要認真

不少演員都認真，但黃渤是極度認真。

從小到大，我們聽慣了來自長輩、老師、上級們類似這樣的告誡：做事要認真一點，認真做作業、認真看書學習、認真寫文案、認真聽講……關乎「認真」二字的教導，基本上是伴隨著每個人的成長一路走過來的。

認真，是為人處世最重要的一種態度，更是人的成長和成功必不可少的重要條件。只有態度認真的人，才能夠沉下心來，投入到自己所做的工作當中，朝著可以成功的方向前進。如果一個人連最起碼的認真態度都沒有，總想憑藉投機取巧或借他人之力達成所願，是不可能真正完成目標的，更不可能使自己獲得成長。

說話作為人們之間交流看法和表達思想的最重要形式，自然也無法離開認真的態度。我們在與一個人交往的過程中，對方說話的態度是否認真，是一目了然的。無論面部表情、眼神流露、語氣口吻，還是細節描述、興致體現，甚至說話時間和主動程度，都能夠比較明顯的表露出說話者的態度是否認真。

做事與說話的態度認真與否，也會直接影響到與對方的交流心情、交流情緒及交流欲望。很多時候，從一個人的說話態度，也能夠察覺出他做事的態度，以及他平時為人處世的品性。

《文苑》雜誌二〇一一年第八期刊登過一篇文章，名為《認真是一種可怕的力量》。作者楚留湘在文中講到一個故事：早在一九八四年，一位名叫格里希的德國退休企業家受中國一家柴油機廠聘請，擔任廠長職務。格里希上任後，在他召開的第一次會議上便單刀直入，開門見山的針對品質問題開炮：「如果說品質是產品的生命，那麼清潔度就是氣缸的品質及壽命的關鍵。」他一邊說著，一邊當著有關主管的面，從擺放在會議桌上的氣缸裡抓出一大把鐵砂，臉色鐵青的說：「這個氣缸是我在開會前，到生產車間隨機抽檢的樣品。請大家看看，我都從它裡面抓出了些什麼？在德國，氣缸雜質不能高於五十毫克，而我所了解的資料是，貴廠生產的氣缸平均雜質竟然在五千毫克左右。試想，能夠隨手抓得出一把鐵砂的氣缸，怎麼可能雜質不超標？我認為這不是工藝技術方面的問題，而是生產者和管理者的責任心問題，是工作極不認真的結果。」這一番話，把坐在會議室裡的相關管理人員說得坐立不安，尷尬至極。

從格里希的說話經過和他所談論的內容中，我們一眼就能看出他的認真態度，而這份認真則是建立在責任心的基礎上，與產品品質息息相關，或者說與工廠的未來發展及生存都緊密關聯。可見，認真有多麼不可或缺。

黃渤身為經常被人嘲諷顏值的明星，能夠經過十多年打拚，成長為人們心目中最具實力的偶像之一——就像他在多次採訪中所言——若沒有那股認真的拚勁，怎麼可能會有今天的成績？與黃渤合作過多部電影，同時也是他好友的導演管虎，就曾總結過自己為什麼和黃渤一直非常融洽的合作這麼多年：「不少演員演戲都認真，但黃渤是極度認真。」

根據資料，管虎當年在執導電影《鬥牛》時，主演黃渤付出了一般演員難以想像的艱難，其中有一場戲就拍了一百三十八次。如果沒有固執到底的踏實認真，怎麼可能堅持完成，進而獲得「金馬影帝」的殊榮？黃渤也曾回憶過拍《鬥牛》時的情況——「磨爛了三十六雙鞋，還有一個把我往井裡扔的鏡頭，拍了四、五十次後，舉的人都沒力氣了，手一滑我腰就摔（到）井沿上了，當時眼一黑，得，這腰是廢了。」

同樣，在拍寧浩導演的電影《無人區》時，黃渤為了找到飾演「殺手」的那種狀態，「一開始我還是做加法，給人物加了許多凶狠的動作、表情，後來才發現應該做減法，把多餘的東西都去掉。但那時候我的戲已經拍了三分之一了，就**去和導演商量，導演在吞了幾口鮮血以後，同意將之前拍了半個月的戲都廢了重拍**。」黃渤做事的認真程度可見一斑，而這樣的認真並不只體現在做事上。

作為一位當紅實力派演員，黃渤接受過無數次的記者採訪，而在每次與記者和觀眾互動時，他都會非常認真的對待別人提出的每一個問題，甚至主動積極的幫對方完成他們想知道的內容，仔細講解一些細節故事。聽眾既能聽得興趣盎然，也很容易從中看出黃渤融入骨髓的那股認真勁兒。二〇一一年，在何東對黃渤的專訪中，就能很容易看出這一點。

何東：「你最初想在北京唱歌唱火了，但是沒火。妙就妙在什麼地方呢？你這個人好像——我注意了一下——還真沒怎麼缺過錢。從你開始走上社會，生活上就沒有什麼困難，唱一場也能掙兩千多塊，但就是不想老這麼『耗著』。我注意到這兩個字挺好玩。每天早上，一起來就坐在床上待兩小時，我今天去幹麼？那我就要問了……就是我不缺錢，可我的精神完全處於『耗著』的狀態，那是一種什麼感覺？」

黃渤：「簡單。那時候也沒像你說的那麼不缺，就是最起碼沒到交不起旅館錢、交不起房租、每天吃速食麵的地步。就是之前唱歌吧，不論是去南方也好，還是去全國各地巡演也好，**慢慢覺得人得有點兒小追求，得有所發展**，最起碼得出一張唱片，是不是？我就找了個簽約公司，但是後來發現，我在那兒唱歌，永遠還是在唱夜場，唱歌廳，唱的究竟是什麼，跟想像中的音樂生活其實一點兒都不搭邊兒。後來去廣州，那時候不是有什麼太平洋之類的歌曲麼，發現人家是這麼演的，你卻還是那麼演的。後來，眼前就老有團亮光，覺得廣州現在音樂火，可以去那兒演演，但好像又跟自己沒關係，亮光就滅了。再後來，你認為火的應該在北京，那團亮光又亮起來了。北京可是文化中心，所有的機會都在那兒。我去了之後依然是找一個場子，唱著自己的歌。後來發現，這裡跟自己也沒關係。

當這團亮光再滅了的時候，感覺自己就跟蛾子似的，沒火可撲了。畢竟，有個火在眼前還有得撲，可是在那個地方，每天依然還是這麼唱著，就不知道自己這是在幹麼。而且覺得自己的青春真這麼就流逝了，就跟每天按了一下抽水馬桶那個按鈕似的，『嘩』一天過去了，『嘩』一天又過去了。每天就下意識的覺得，我得找點兒有意義的事做。哪怕今天寫了一首詞，那也沒白過；哪怕今天把自己的小樣送到一個公司去了，不管結果怎麼樣，畢竟今天幹了點兒什麼。

後來，家裡人也打電話問我，唱夠了沒有！還這麼晃著幹麼呀？老在外面晃蕩，還不斷的給家裡面發各種宏願。其實，那都是渺茫的希望，連自己都看不到的希望。總告訴家裡人後面會多麼多麼好，可是自己在那兒待著，真是**每天一起來坐那兒就愣神**，今天幹麼呀？真是一點兒不假，半個小時四十分鐘的，絕對有。我就總在那兒琢磨，最近還能幹什麼事，要不出去演演？再掙點兒錢回來幹麼？要不就是錄小樣，找唱片公司。

我過去經常去的那些唱片公司，覺得印象特別深，去一家公司給人家遞一個小樣，對方都說好好好，回頭再跟你聯繫。但別管那些小樣貴不貴，可都是花錢做的。雖然也沒多貴，可是等你一出門，就扔在旁邊一個小倉庫裡。我記得有一個方紙殼箱子，裡面扔著各種各樣的碟片，還有我自己錄的小樣，滿滿一摞，我當時就想回去把我的小樣要回來。但是呢，那時候又沒有別的辦法，每天只能這樣一天一天過，而且最恐怖的，是你不知道明天該幹麼，這種日子真的受不了。其實過日子，再苦再累都沒關係。只要你知道明天會怎麼樣。

當時其實沒那麼清晰的認識，就是每天慌，幹什麼也踏實不了。比如你忙乎一陣子，朋友晚上叫去喝酒吃飯，你覺得特高興，終於放鬆了。但是一想，去也沒有什麼意思，就算你每天放鬆一下，又怎麼樣？放什麼鬆啊！那時候其實是最難過的，也是最痛苦的。」

何東：「在這種『耗著』的時候，你跟家裡發宏願，還跟自己下決心？你告訴我你內心深處有沒有懷疑過自己？」

黃渤：「有，當然有，自我懷疑。因為當時更清楚一點，那時候像孫楠、韓紅，他們占據了一線，而且占據了那個位置多長時間啊！為什麼？因為整個市場都很低迷。那時候，全中國沒有一年、兩年、三年、四年，不見出來一個新人。得耗到什麼時候？你說你出來等著，那得等到什麼時候去？所以說，針對整個大環境來說，每一年，你看誰說沒有希望了？今年還出了一個誰誰呢！你看黃格選、滿江，都出了還不錯的歌。但是回頭想想，對於整個大環境，一年也就出那麼一兩個新人，就算真是輪到你了，得到什麼時候了？仔細想了想，就真的是**慢慢對自己的堅持產生了一種懷疑**。但是呢，這真是個大雞肋。走了，前面這麼多年的奮鬥努力都白費了。思前想後還是回去了，我回家做生意去了。家裡面倒也有人做生意，我姐一直拉著我回去做生意。我就覺得，就此告別了，這事兒真的是不敢想像。但是，真在這待著幹麼呢？繼續一天一天耗？繼續一天一天慌？沒有意義。那段時間，我就是這樣的狀態。」

看了黃渤講述過去某一階段自己所走過的道路和心路歷程，我們對黃渤在那一時期的生活或生存面貌，有了一個相對綜合立體的了解。按常理來說，人們被問到過去經歷的心酸與艱辛，尤其是與後來的生活反差較大時，都不願意提及。很多主要靠名聲吃飯的演藝人員，在被問到過去的奮鬥歷程時，能夠迴避則迴避，能夠淡化則淡化，而非常認真的讓思維進入回憶中，向公眾描述曾經「蓬頭垢面」的生活狀態，是無法想像的事。

但是，黃渤卻非常主動的將自己豐富的人生經歷，原原本本的呈現出來。他不光描述了當時的現實狀況，而且對自己一路走來的心中所想，無論是在積極方面，還是在彷徨過、憂鬱過、沉悶過、懷疑過等消極方面，都較為細緻的訴說一番。只要主持人能夠「揪出」一個話題點，黃渤就會**將土氣蒼蒼或捉襟見肘的往事娓娓道來，絲毫沒有湊合和糊弄問話人與觀眾的意思**。無庸置疑，只有一個內心敞亮而真誠的人，才會如此認真的去對待每一個提問，才會如此「老實」的描述自己灰頭土臉的過往。

黃渤的很多朋友，無論是演員、導演、歌手，還是從事其他行業的普通人，在接受採訪時都說過，他們特別喜歡與黃渤在一起，聽他說話，講各種各樣的事。因為與黃渤在一起，從來不會因冷場而尷尬。這其中的緣由，一方面是黃渤向來**說話機智幽默**，又善於調節社交氛圍，製造歡快輕鬆的聊天場面；另一方面，就是**黃渤說起話來有著一般人無法與之相比的認真**，他的這種認真往往能夠填滿社交場合出現的無聊空隙，使聊天氣氛和情緒都能豐潤而飽滿，從而取得最好的交流效果，大家也都能從這種氛圍當中，體會到舒爽宜人的感覺。

要做到說話認真，並不是什麼多難的事，只要在與別人聊天時，把自己的身段放在合適的位置，抱著尊重對方的姿態，將注意力集中到屬於自己的場合中，放鬆心情，在寬鬆愉悅的狀態中互動。其實，認真的態度說起來簡單，要做起來也不難，難的是能夠讓這種認真的品質融入到日常的為人處世中，變成優秀的素養，這就需要自律和堅持，時間久了，自然而然就會內化至行為當中，擁有令人欽慕的說話藝術。

7——要平易近人，但不卑不亢

演員被定型又能怎樣，誰也無法抹殺卓別林的偉大。

當一個人到達一定的位置後，仍然能夠保持原來的做事風格和說話方式，是非常難的一件事。雖然每個「混大」的人都極力想給別人一種「我沒變」的印象，可要真的實踐起來，就會是另外一碼事。這是人性共有的弱點之一，無可厚非。而且，當到了那個高度，無論接觸的東西，還是別人對你的態度、你需要考慮的事情，都會發生極大變化，影響到你的每一方面。有時候，即使你明確的告誡自己要保持本色，也很難實現。

因此，要是有**一個人在他非常普通的時候是什麼樣子，到了功成名就以後仍然是原來那個樣子，必然會讓人覺得他很了不起**。據說，著名學者季羨林在北京大學當副校長時，有一年開學期間，在校園裡碰到一位打聽宿舍樓位置的新生。對方看他穿著樸素，貌不驚人，還以為是校園裡的工友。季羨林友好的將這位學生帶到他要去的地方。過了兩天，北大召開開學典禮時，那位學子看到坐在主席臺上的老頭，發現正是給他帶過路的人。此時他才知曉，原來人家就是赫赫有名的季羨林教授。這個故事之所以能夠廣為流傳，當然是因為季羨林平易近人的特質，在北大學子以及其他很多人心中，留下了非常深刻而美好的印象。

能做到平易近人，源自於對別人的理解及有換位思考的寬厚和善之心。只有從對方角度出發，體諒到別人的需求和感受，才會放低自己的身段，與對方平等交流和交往。也因此，才能在與人說話時，讓對方感覺到你絲毫沒有架子，是從別人角度考慮過的。不過，**平易近人並不等於投其所好的奉迎，那樣顯然是比較勢利的行為**。很多明星在粉絲面前，為了令其感覺到自己有多平易近人，一味的裝成弱勢無比的樣子來說話，這種做法歸根究柢是為了取悅別人。真正的平易近人，是既誠懇樸實，又不卑不亢，是為人處世的高境界表現。

在二〇一一年何東對黃渤的專訪中，有這樣一段對話：

何東：「接下來就是《瘋狂的石頭》。我這人有點兒較勁，我一開始不喜歡這名字，覺得很貧，你知道嗎……後來有一天，我拿著勁兒在那兒看，也沒別人。我就想著，不笑不笑。前面那個『別摸我』什麼的我還可以不笑，覺得這都是噱頭。就是到了黃渤在井裡，這石頭，車軲轆（按：中國北方方言，意指車輪）把井蓋壓了，哎喲不行了，這真不成了，我就已經笑炸了……有的人認為你只會演喜劇，你覺得這是不是又是一個誤會？」

黃渤：「我挺接受這事兒的，而且主要是我沒多大奢望，我就是希望別人能認可……而且特逗的是，剛拍完《瘋狂的石頭》，就在緊跟著的採訪裡面，就有人問，說這個影片是不是把你定型了？是不是就對你以後的發展有所限制……當時我高興還來不及呢，限制？我這不是求你限制我麼，哪兒有這麼多其他的想法？

「我那會兒，其實早就已經求之不得了。**這種限制和定型首先是別人的一種肯定；另外，也別得了便宜賣乖**。你說，哎喲！我多麼痛苦啊，我被我的角色給限制了，這多沒必要啊。很簡單，當時我就說，什麼是型？型是怎麼定的？不都是你給觀眾的印象嗎？你要是有能力，再給觀眾另外一個『型』唄！如果你改不過來，可不就定型了麼。你要是能換得過來，就每天換一個型，到最後你不也就沒型了麼。

「但回頭來說，定型怎麼了？卓別林一直定型了，厲害嗎？牛嗎？周星馳一直定型，你能做到嗎？對不對！如果你真的是一輩子能把一件事做好了，挺不容易的！所以說，定型沒什麼。**我甚至覺得都沒有勇氣說自己被定型了**，而且整個大市場也不允許，還沒有那麼大的土壤能夠讓我成為一個成功的喜劇演員。當然，這是後話，也是我後來自己開始做工作室籌備一些東西的原因之一。定型是什麼意思？並不是意味著沒有創新了。因為喜劇是個大範疇，你要是真把喜劇演透了，就算是定型了，也挺好的。能演好喜劇，我覺得是需要智慧的，也是需要控制好度（按：拿捏的分寸）的。」

何東：「要把握好那個度，還無奈的。」

黃渤：「那個度你能把握到哪兒，就是那種錯位你能控制的地方，我覺得是沒那麼容易。我也喜歡演喜劇，但不代表我不能演和不喜歡演其他類型的戲。不同的戲能給你帶來不同的體驗，過癮！喜劇老是要裝作好像什麼都沒有發生，特認真的幹一件特傻的事。咱再說到喜劇上，有時候看到網上說什麼『新喜劇之王』、『接班人』等稱號，我自己看著就想樂。你知道嗎？我就是做很簡單的事，一個喜劇演員很不容易演好，更別說你想做一個優秀的喜劇演員，甚至想做『喜劇之王』。你靠什麼做？要看看一年能有幾個好看的喜劇，中國人裡有幾個好的喜劇導演。」

何東：「包括好的喜劇劇本。」

黃渤：「確實包括好的喜劇劇本，但是它會不會都來找你？沒有好的喜劇劇本的話，你靠什麼來支撐自己做一個喜劇演員？這不是開玩笑麼！所以說，做一個好的喜劇演員是挺尷尬的。你也不得不去接各種各樣的其他類型的戲。我挺喜歡喜劇的，但是我也從來沒說一定要把自己限制在喜劇裡，因為很多其他的類型我也喜歡。我只是覺得，想做喜劇沒土壤怎麼辦？那就自己來。之所以我後來也開發一些劇本，可能做不好，畢竟不是那麼專業，是因為我有一些好的想法想去實現，總比不做強。」

面對大量觀眾對黃渤「定型」的看法，他並沒有面露不悅，更沒有居高臨下的指責或反對；同時，他也沒有因為怕得罪大眾而唯唯諾諾的奉迎，而是從他作為一個職業演員的角度，結合多年來自己的演藝經歷和職業感悟，分析了「定型」喜劇演員這一說法的合理之處，承認觀眾對他的評價。黃渤還強調，如果一個人真正的在某一領域取得了成就，即便一輩子只在這個地方有所名聲，也是很值得肯定和自豪的事。從黃渤的整個論說來看，顯得質樸、低調又沒有失去該有的職業尊嚴，可以說回答得具體而全面，又很到位，還有一定的深度。

我們在社會中與他人交流，最根本的目標就是能最有效的實現交流目的，把「平易近人」作為一種說話和做事方式，必然能夠使你的交流成本降低。據《史記．魯周公世家》記載，在周朝時，周武王的弟弟周公旦將自己的兒子伯禽和軍師姜子牙分別派遣到魯地和齊地，治理當地民情。五個月後，姜子牙回到都城述職（按：向長官報告任職狀況），周公旦頗感驚訝，就問他為什麼這麼快就完成任務，姜子牙說，他到了齊地以後精簡了很多禮節，與百姓打成一片，按照當地風俗辦事，一切自然就順風順水；而魯公伯禽則過了三年才回來，周公旦問他為什麼花費這麼長時間，伯禽回答說，因為要在當地革新禮法，改變民風民俗，非三年不能取得效果。周公旦聽了以後感嘆說，魯國以後肯定要給齊國當臣民啊，政令高高在上又很繁雜，老百姓怎麼會親近呢？只有平和易行的政令，才能讓老百姓感覺到親近，從而樂於接受和順從。

政令由人實施，政令的高高在上代表的是人的居高臨下，政令貼近百姓則說明執行者的平易近人。姜子牙僅用伯禽七分之一的時間就實現差不多的目標，不得不說這歸功於他的平易近人。而且，從周公旦的感嘆以及後來歷史的發展事實來看，齊國確實比魯國強大很多，這不僅說明姜子牙平易近人的好處，也說明他並沒有因為平易近人而失了周朝禮數和朝廷該有的尊嚴，其做法是積極合理而科學的。

修身、齊家、治國、平天下，都是一個道理。在日常生活中，我們既能放下不利於自己與人親近的身段，還能堅守住原則，以平易近人的方式和不卑不亢的態度，去與別人和諧交流，這才是真正聰明的做法。

8——怎麼讚美自己而不臭屁？那就側面表述

「身為一名長得不好看的演員，你有啥成功祕訣？」

「觀眾的審美標準提高了唄，原來光看皮兒，現在看餡兒了。」

笑，是指「露出愉快的表情，發出歡喜的聲音」。可見，發自肺腑的真心笑容，體現的是人內心的美好與愉悅。所以，在人類所有的表情中，笑是最受人歡迎的一種。

也因此，能夠使人發笑，也就成了積極的能力。當我們聽到優秀的相聲、看到優秀的小品和喜劇時，都會因為演藝者的高水準表現而自然而然的發笑，這是直接獲得樂趣的最簡潔、最重要的手段之一。

那麼，如果一個人因為機智、幽默和迅捷的應變能力，在日常談話中就能為聽眾或觀眾不斷帶來笑聲，那他也一定是具備高超說話水準的絕佳口才。黃渤就是這樣一位總能為人帶來笑聲的優秀演員，他在一次又一次的交流過程中，透過與採訪者或朋友之間的巧妙對答，使我們領略他善於應變的聰明與令人拜服的口才。

黃渤透過自己多年的努力，不僅在業界獲得了好口碑，在觀眾心目中留下了演技超好的印象，而且也在電影票房收入上具備超強的號召力，從「二十五億帝」、「三十億帝」到如今的「六十億帝」，黃渤主演的電影總票房不斷攀升。面對如此事實，他也總難免會被問起與票房有關的問題，在他所演的電影票房達到四十億的時候，就有人問他對此有何看法。黃渤笑著反問說：「四十億是裝口袋裡了還是怎麼著？除了片酬，跟你有什麼關係？」

四十億裝在口袋中是帶有誇張色彩的表達，黃渤不僅回答了自己對票房收入的態度，也因其非常規的表達，而製造了一個很大的笑點。

二〇一四年，由黃渤主演的三部電影——《親愛的》、《痞子英雄二》和《心花路放》接二連三上映，這讓作為主角的他著實繁忙，僅參加電影宣傳活動就忙得不可開交。在一次宣傳活動中，有記者問他：「那三部電影，哪個才是你最『親愛的』？」黃渤聽完就樂了，狡黠的回答說：「嘿！你想讓我得罪哪個你就直說。我現在只能做到，參加哪個發布會，就說哪個片子好！」

實際上，如果是在電影上映後，或其他什麼場合遇到這樣的問題，黃渤完全可以照著自己的喜好來說出真心的想法，作為一個在演藝圈打拚多年的實力派演員，他對這三部電影必定有自己獨到的想法和評價。但是，在同一年內接連上映的三部電影宣傳活動上，他都是主演的身分，而其他電影團隊都各自不同，顯然他並不適合直接說出特別偏好哪一部。

於是，他巧妙的將自己扮成一個貌似「圓滑」的角色，機智的應對問題。而其實，他的巧妙回答的確也體現他「圓滑」的一面，不過更多的則是令人嘆服的聰明。

二〇〇九年是黃渤「爆發」的一年。他主演的電影《瘋狂的賽車》和《鬥牛》相繼上映，為他迎來自憑藉《瘋狂的石頭》成名以來的又一個事業高峰期。在這一年，黃渤有好幾部電影處在上映或開拍當中，因此，有記者針對這一情況，問黃渤如何評價自己的工作狀態。黃渤笑著說：「**可能以前餓慣了，突然來這麼多飯，扔了會覺得可惜。**」

他用一個非常恰當的比喻，巧妙的將原來長期戲少的狀態比作「餓慣了」，將此時的繁忙拍戲狀態比作「飯多」。一個餓慣了的人，的確會在遇到很多食物時非常珍惜，黃渤以人們最耳熟能詳的事情作比喻，靈活巧妙又恰如其分，讓聽眾叫絕。

與這個例子有異曲同工之妙的是，黃渤曾在一次受訪過程中，被問到「身為一名長得不好看的演員，有什麼成功祕訣？」黃渤做出一副無奈狀，邊笑邊道：「**觀眾的審美水準提高了唄，原來光看皮兒，現在看餡兒了。**」同樣是一個巧妙的比喻，以自嘲的方式，製造出讓人開懷的效果，而且還借助誇讚觀眾審美水準，從側面誇獎了自己，更使得幽默點躍然而出。

二〇一二年，Mtime（時光網）記者採訪黃渤時問他：「怎麼提高自己的審美？」黃渤回答：「現在比較喜歡自己跟自己待著，空下來的時候畫畫兒，或者寫寫歌。」記者馬上問道：「你畫畫兒？」

黃渤趕緊笑著說：「壞了，我覺得這事兒別把自己給害了，你千萬別往那兒想，就是塗鴉，隨便畫。我只是喜歡那個過程，能夠靜下來考慮點兒事情，自己跟自己對個話。也是被逼無奈吧，**我們每天的工作環境，都是要面對周圍無數的人……對我們來說，哎呀，這樣靜靜待著真好**。」

記者又問道：「現在畫畫兒水準怎麼樣？」

黃渤說：「有誇我的。有一天，我們鄰居來了，一看桌上的畫，驚呼：『哇，這太棒了，這是你女兒畫的呀？』我十分驕傲。」

在這段談話中，黃渤表現出調皮的風格，用稍帶誇張的語氣和表情，對自己的畫畫兒做了說明和解釋，又透過一個小事例，從側面幽默的回應對自己畫畫兒水準的自我評價。

二〇一二年，黃渤獲邀主持第四十九屆金馬獎，這在金馬獎史上是非常罕見的事。獲得消息的記者們對他進行了採訪，有一名臺灣記者用略帶刁難的語氣在現場發問：「**臺灣金馬獎，是否應該由臺灣主持人來主持？**」黃渤立即回答：「金馬獎太破費了，要請這麼貴的嗎？」他並沒有直接回答臺灣記者的問題，而是轉換一下回答的角度，將切入點巧妙的換成「臺灣主持人太貴，金馬獎不應該那麼破費」，讓人不禁佩服他的聰明。

二〇一五年九月，黃渤蒞臨新浪微博進行「微訪談」時，有一位微博網友說：「渤哥，求翻牌（意思是跟他互動一下），我是你的顏值粉。」並且，網友還配了一張黃渤在《西遊降魔篇》中飾演孫悟空時呲牙咧嘴傻笑的劇照。黃渤也確實翻了他的牌，還回答說：「好審美會影響你的一生。」

同樣是在這次的微訪談上，另一位網友問道：「**羅志祥和孫紅雷同時掉進水裡，你會先救誰？**」黃渤答：「真的不需要再往裡扔一塊石頭嗎？」還有一位網友問：「渤哥，請問你考慮過以後做導演嗎？」黃渤說：「**長身體的時候不要暴飲暴食。**」這些回答都贏得無數網友的點讚和評論。

從上面三個小小的互動中，我們能夠看出黃渤透過微博與網友互動的強大能力，以及他借助文字的巧妙回答而營造的幽默氣場。無論是對反問、比喻還是誇張手法的運用，都極其熟練，修辭手法成了他此時妙語連珠的最佳工具。

在黃渤的事業生涯中，曾不只一次蒞臨著名單元《魯豫有約》的採訪現場，與主持人陳魯豫進行互動交流。人們透過節目訪談，也切實體會到黃渤在與人對答時，所表現出來的智慧與能力。

陳魯豫：「你現在可以啊，很火啊，是吧？」

黃渤：「那肯定是火，你想都能坐在這兒跟魯豫聊天了，那還不火嗎？」

陳魯豫：「你要特努力的話能考上清華北大嗎？」

黃渤：「特努力？我估計一直努力到現在的話，也說不定。」

陳魯豫：「寫的歌有被別人唱過的嗎？有唱火了的嗎？」

黃渤：「唱得人家發火的有。」

陳魯豫：「你給郭富城寫的那個還真有點兒他的意思。」

黃渤：「是，當時琢磨他要真要的話，得跟他要多少錢呢？」

一個人在與別人對答時所呈現出來的狀態，深深反映著這個人的才智與性格。從黃渤的例子中可以看出，他能夠非常巧妙的回答問題，不管是刁鑽一點也好，溫和一點也罷，都能夠完美展現他的口才和支撐口頭表達能力的智慧，以及他開朗善言的性格。他的應答過程，無一不給人愉悅和讚嘆的效果。

我們在日常應對別人的提問時，可能會因為經驗的缺乏、知識結構的不足、性格的內向等諸多原因影響，很難有優秀人士那樣良好的表現，不過卻從中可以學到他們在話語和詞句掌控方面的一些基本方法，比如對修辭手法的運用、轉換應答角度、製造「圓滑」來促進幽默效果等等，也可以就此鍛鍊我們對話語的欣賞與評鑑能力。

總之，認真體驗口才絕佳人士與人對答時在各方面呈現的狀態，對我們的日常交流而言，肯定是有一定好處的。

9 —— 面對一群朋友，你的感情如何不使人吃醋？

你要每人給一句話，而且一個都不「放過」。

你有沒有遇到過這樣的情況：當你和一群朋友在一起時，需要主動或被動的評價大家；當你被問到對其他人的看法時，有時會有些不知所措，有時還會稍顯慌亂，有時不能全面照顧到每個人，有時則受親疏關係的影響，而對每個人評價的重視程度有別……。

總之，看似很簡單的一個舉動，卻牽扯著有點複雜的社交關係，而這對自己的社交水準，也算一個不小的考驗。

二〇一五年，黃渤主演的電影《鬼吹燈之尋龍訣》和電視劇《青島往事》均製作完成，並分別在院線上映和在電視臺播出。在此之前的發表會，黃渤都在俄羅斯拍戲而沒能參加。不過，一向引人關注的黃渤仍成為不在場的亮點。與他一起合作這兩部戲的演員朋友，都在發表會現場公開提到黃渤，正如《大江晚報》記者在後來採訪黃渤時所說：「儘管你沒有出現在《鬼吹燈之尋龍訣》和《青島往事》的發布會上，但你在兩場活動中都是『主角』，比如前一場陳坤要邀請你演『小天鵝』；Angelababy認你作『知叔』。後一場《青島往事》的小夥伴們都挺你是『偶像實力派』；瑛子說你很熱心給她做媒，見過了你身邊所有的單身朋友；黃小蕾還說，你就是她的『垃圾桶』，什麼事都可以跟你說。那現在，你能不能說說他們，你的這些好朋友、小夥伴，在你眼裡，他們又是怎樣的？」

當聽到好多朋友對他的評價時，黃渤也說出自己對朋友的看法，以及對朋友們的評價：

「有好朋友是人生的一件幸事，朋友可以給你帶來快樂，幫助你解決困難，是你身後堅實的後盾。拍了這麼多年戲，透過每部戲，認識一群不同的朋友，學習到不同人身上不同的長處，感受到不同人身上不同的能量，這也是我喜歡這個職業的一個原因。

「比如在《鬼吹燈之尋龍訣》這部戲裡，遇到陳坤、舒淇、Angelababy、夏雨是一件令人開心的事情。說到這部戲，我也終於有機會和青島老鄉夏雨合作了，兩個青島人合作得非常成功，幾個兄弟姐妹在一起氣場也非常合得來。

「再說說咱們《青島往事》這部戲，劉向京是一個特別實在，也特別熱心的人，包括罩崢身上的真誠，我們相處久了真有兄弟般的真情。還有黃小蕾、傅淼、瑛子等，在私底下都已經成為好姐妹了，前兩天還聽說她們在一塊兒聚會呢。薩日娜老師更是我的偶像，是我在表演中要學習的老師，跟她合作，真是想想都會樂的。這就是每部戲給我所帶來的友誼和能量，很感謝身邊有這麼多好朋友，讓我的生活充滿樂趣。」

在這場對話中，記者提到黃渤的好幾位朋友對他的評價或與他有關的話語，黃渤隨即詮釋了自己對朋友的看法。在他看來，朋友是人生道路上非常重要的存在，可以為自己帶來很多幫助，讓自己學到各種東西，是非常必要而且有價值的人生好夥伴。

隨後，他分別用一兩句話，對十來個朋友給予評說，看上去輕描淡寫又僅點到為止，而實際上卻說得很是到位，將他們的特點或自己的首要感覺點了出來。短短一段話，就提到所有該提的朋友，**既沒有遺漏又沒有明顯的偏重**，顯得情商十足。

就事論事來說，黃渤跟他所評說的幾位演員之間，必定會有個親疏關係上的差異，但是從他回答記者的這段話中，卻絲毫感覺不出來。不得不說，面對公眾媒體，如此不偏不倚的照顧到對所有朋友的評價，黃渤做得再恰當不過了。

人的情商是很奇妙的，在我們為人處世的過程中，它在很大程度上都能夠左右你是否可以獲得別人的好感和青睞。人與人之間的關係，雖說主要是靠感情維繫，但情商在其中產生的作用也是人人皆知的。**面對一群朋友，你到底該如何將感情合理而公平的「分配」給大家**，正是一門測試情商的學問。

吃醋，這是我們耳熟能詳的一個詞語，它的意義也無人不曉。很多時候，人之所以吃醋，並不是因為沒有得到別人的重視，而是因為你感覺別人對你的重視程度與對其他人相比，顯得有所輕慢。這種情況，既在現實生活中隨處可見，又能從很多影視作品中表現。比如，當你與朋友們在一起聊天時，必定有一位大家都很喜歡的中心人物，他要麼能言善道，總能口若懸河吸引住眾人；要麼在某方面比較突出，人們都想與之更加親近一些。此刻，當他與眾人交流時，如果與某個人的互動明顯過少，這個人心中難免會有一些失落感，無論對方與自己的關係親疏如何。

最近幾年，各種宮鬥劇風靡各個電視臺，其中有很多涉及皇帝與後宮妻妾之間交流的場景，如果皇帝口中對哪位妃子所提甚少，就會令對方坐立不安，總感覺自己的地位有所鬆動，或者寵愛度有所下降。當你面對一群朋友，在與他們梳理或聯絡感情時，最好做到全面公平以待、不偏不倚，既要照顧到與你關係親密的那些夥伴，也要考慮到與你關係較遠的朋友，哪怕只是一句話的溝通。

另外，就像黃渤在接受採訪中提到十多位朋友一樣，評說別人時也需要講究簡明這一要素。《鬼谷子．本經符》中說：「言多必有數短之處。」明末清初著名理學家、教育家朱用純在《治家格言》中也提到：「處世戒多言，言多必失。」也就是說，當你對很多人說話時，如果內容過多，難免會增加說出令別人不快之話語的機率。

不過，這並不是要你簡明說話的主要原因。其實，**如果能抓住要點和重點**，要評說一個人，**無論他身上值得你稱道的地方有多少，都可以用幾句話說清楚**。假若在你面對一群人時，對每個人都長篇大論的評說，會花費大量時間，而且也沒有人那麼有興趣聽你不斷對他們品頭論足，即便你能對所有人都面面俱到，也勢必會產生適得其反的效果。

當然，如果不是出於必須，儘量還是少去評價別人，特別是一出口就評價大家，尤其會讓自己在社交場合變得被動。最好只在必要的時候，比如受到大家的一致認可和要求，或者朋友間互相需要以這種方式來幫彼此認清自我時，再來點到為止的當面評說別人，簡明扼要又各處顧及，讓你的每一句話都成為提升自己在別人心目中好印象的依據。

第 5 章

用溫和的口氣，淋漓盡致的發揮個性

黃渤說：「有多少人比你還努力，比你還有天分，但沒有碰到好的機會，所以你還得感謝命運。」

要論演技，黃渤絕對算得上一流，可他卻將這種成功歸結為「命不錯」、「感謝命運」。一句謙虛的應答，令人肅然起敬。

1——他並不是話多，他只是怕冷場

「我多說點兒，好讓你們回去有得寫。」難怪記者們總說黃渤是最不讓主持人操心的明星。

俗話說：「與人方便，自己方便。」一個人在為人處世中，只有處處替別人考慮，才能換取別人為你考慮的真心；一個人在說話時，只有替別人著想，才能保證自己說出的話讓聽眾暖心。說話是非常容易的事，但要時時能做到替別人著想，就沒那麼簡單了。說話替人著想，體現的是說話者內心的真善美，**折射的是說話者性格的寬厚**、仁慈與和善。

常言說得好，語言是一把利器，一旦使用不當，便會在瞬間對別人造成傷害，而自己也會跟著失去很多東西；只有運用得當，才能發揮出最好的作用，替人著想便是恰當使用語言的重要條件之一。

在人們的印象中，黃渤是個話特別多的人，無論與什麼樣的人聊天，他都能找到恰當的話題，而且一說起來既恰當到位又能滔滔不絕。究其原因，除了黃渤自己性格比較活潑外向，了解的東西比較廣泛，在很多方面都有可聊的內容外，還有一個容易被人忽略卻非常難能可貴的原因，就是**他能夠站在對方的立場考慮**，既不讓社交冷場，又儘量能減輕別人的社交壓力，使別人達成自己所需的社交目的。

很多媒體在採訪過黃渤後，都會有類似這樣的感嘆：「採訪過那麼多人，黃渤是很少讓主持人操心的受訪明星。」《看天下》雜誌曾在二〇一五年刊文中評價說：「……在一個鬧嚷嚷的場合，他的眼睛能輕易把每一個人都照顧到。」、「多年來，黃渤就是媒體記者最喜歡採訪的明星之一，不但親切近人，而且經常會在採訪時，替記者想著怎麼寫出內容，不斷操著本不用操的心。」

的確，在黃渤接受採訪的絕大多數節目中，不管受訪者只是他自己，還是跟其他人一起，他總能十分主動的與對方談論各方面的事，而且往往會聊得很愉快，讓主持人特別省心。如此情形，很多人以為原因僅在於黃渤的能言善道，就算主持人不發問，他也能不停的說下去。也許，這是人們對黃渤的真實看法，卻很少有人知道其中更深層的原因。

《影視圈》雜誌在二〇一三年刊出的一篇採訪稿中說，他們為了求證黃渤是否真的特別能說，就跟黃渤身邊的一位工作人員打聽實情，沒想到對方的回答完全出乎他們的意料：「他並不是話多，他只是怕冷場。」而黃渤自己也曾說過，他每次接受記者採訪時，都想著儘量在可說的範圍內，積極主動的多說一點，主要目的就是能讓記者回去後，在寫稿時有東西可寫。

僅從表面來看，黃渤的說法多少帶點小題大作的成分。一方面，記者採訪後如何寫稿、有沒有素材可寫、能否寫得好，都與身為受訪者的黃渤關係不大；另一方面，即便有大關係，也用不著受訪者去考慮，因為這根本就是別人分內的事，若沒有足夠的素材來寫稿，只能說明記者本人在採訪時的功力欠佳。但是，黃渤卻能換位思考，從記者的角度考慮事情，進而在接受採訪時，多提供對方用來寫文章的素材。事情雖然小之又小，可從中卻能看出，黃渤說話時是懷著頗大的善意與理解，是以實際行動為別人著想的真實體現。

《人物》雜誌記者曾提起過與黃渤有關的一件小事。二〇一五年，他們採訪黃渤長達十多個小時，期間有好幾次都因為黃渤事務繁忙而被打斷，其中一次中斷後再接話時，採訪者和受訪者都不記得聊到哪兒，記者感覺多少有點尷尬。可是，黃渤卻主動開口化解尷尬，他對記者說：「**剛才聊到哪兒了？哎，我也有點兒想不起來了**，別急啊，我們再慢慢聊，我先說點兒其他方面的，你看看有沒有用。」兩句再簡單不過的話，足見黃渤為他人著想的樸實與真心。

在二〇〇八年北京奧運會期間，黃渤蒞臨新浪網主辦的《快樂奧運》節目，談論與奧林匹克運動會有關的話題。在交流過程中，主持人提到：「……剛才說了這麼多比賽了，不過有一個比賽，雖然輸了也不丟人——男籃。是吧？」黃渤馬上接道：「我覺得已經挺好的了。最後那場我也看了，可能**不是那麼接近咱們自己的想像**……這個東西啊，就是說，我們出了很多奇蹟了，**但是你不可能希望每場比賽都是奇蹟**，我覺得這次實力已經挺好的了，這種精神首先就讓我們覺得挺好。」

北京奧運會時，中國男籃的表現的確令人欽佩，他們憑藉頑強的拚搏精神和扎實的訓練功底，最終擠進八強，名列第八。在比賽當中，一些細節不太盡如人意，有一些球迷還在網路上對男籃運動員進行各種指謫，而黃渤透過公眾媒體，說出了自己的看法，特別是肯定男籃在比賽過程中表現出的精神，非常值得人們稱讚。體育運動作為最受人關注的公眾事件之一，總能引發各種激烈的討論，我們也經常能透過媒體看到球迷之間因為對賽事持有不同看法而引發爭鬥的現象，比如常因賽場上的實際情況和結果與自己心意不合，而口無遮攔的對運動員或其他觀眾惡言相向。說到底，那些以熱愛某項運動或某個運動員為名，而不能理性對待體育運動的人，實際上只是空有熱情而缺少和善之心與理解之智的人，就是我們常說的「四肢發達，頭腦簡單」，他們在行事與說話時根本沒有替別人著想。

二〇一五年七月，年輕女演員周冬雨與黃渤、王迅等人一起參加上海東方衛視的《極限挑戰》節目錄製時，周冬雨因為直呼前輩王迅的大名，在網路上遭到網友們的大力炮轟。更有甚者，當王迅想與周冬雨合影時，她的表現也讓觀眾心中不悅，他們紛紛怒斥周冬雨不懂禮貌，不懂得尊重前輩，沒有修養。作為當事人，周冬雨在事後也意識到自己的表現極不妥當，趕緊在網路上向王迅和觀眾們道歉。

事後，黃渤在接受媒體採訪時，被問到對此事件的看法。黃渤說：「這事兒不能這麼想。當初，張藝興剛來節目時很禮貌，有人就說他裝；現在，周冬雨來了很隨意，又被說沒禮貌。娛樂節目麼，別太當真，開心就行。」在觀眾眼裡被周冬雨傷了面子的王迅，也在微博中提到此事，但他也並不是批評周冬雨，而是對她給予理解和支持：「請求大家別再因為節目裡的言行來評判一個人，很多時候我們是為了節目效果！和人品無關……。」

黃渤和王迅所說的那兩句話，都是站在周冬雨的角度考慮了問題後的肺腑之言。作為一名正處於成長中的年輕演員，無論是人生道路或演藝生涯，未來都還要走很長的路；她已經為自己的處事不當而承擔了後果，如果作為當事人的王迅和朋友黃渤還繼續火上澆油，對於她的未來可能會造成很不利的影響。而且，與前輩黃渤和王迅相比，她只是演藝界的一個晚輩，以「大人不記小人過」的方式處理此事，也是最符合情理的做法。

黃渤在娛樂圈有出名的好人緣，也因此結交了不少肝膽相照的好朋友。那些與黃渤一起合作過的導演或演員，拍完戲後就對黃渤有較為深入的了解，於是也就真心實意的與他坦誠相待。比如，著名導演管虎和寧浩，著名演員梁靜、王迅、孫紅雷、閆妮、姚晨、舒淇等，都是黃渤很要好的娛樂圈朋友。黃渤對友情看得很重，據說他拍導演朋友的戲，很少會按自己的身價收費，在很大程度上，都只考慮自己對戲本身的興趣和幫朋友的忙。

在一次採訪中，有位娛樂記者就提到這個部分：「聽說你出演朋友的戲時，很多時候都只是象徵性的收取一點兒報酬，這對你來說是不是不太公平？」聽記者如此問，黃渤立刻笑了笑，誠懇的說道：「其實我個人還比較容易滿足，夠吃夠喝就行了。拍戲就是痛痛快快的玩兒，有好的東西，能夠弄出來，就好了。」

如此回答，會讓很多人覺得黃渤展現的是自己一貫的高情商，其實不然。一般提到情商，無論如何都會與「操作」有著一定的聯繫，而黃渤之所以這樣說，則是他真心實意的表達，因為他不僅在嘴上如此說，而且在一次次遇到類似事情時，也是如此行事的。

因此，我們要想使自己平時在社交中能真誠的做到「說話替別人著想」，首先要培養能替別人著想的心胸，真心實意的替別人考慮，站在別人的角度來表達觀點與看法。唯有如此，你才有可能逐漸的讓語言成為你塑造自我、成就自我，同時惠及他人的暖心工具。而你的內心，也會越來越溫潤而敞亮。

2—中肯而不激情的談論自己的事業

有的人一談論起自己的事業，總說得連連抱怨或激情四射，但爆發出短暫的高昂情緒後，實則對於工作或事業沒有長遠的眼界。

雖說人生苦短，但就在這短短的人生裡，每個人都可能參與多種工作。只不過很多人工作的目的，甚至唯一的目的，只是為了掙錢養家糊口。所謂工作，在大多數情況下，就是謀生手段或方式。而真正能夠在快樂的狀態中，將一份工作經年累月的做下去，並且始終堅信它值得成為自己長期的追求，那麼這份工作就不僅僅是謀生的手段或方式，而是與人生意義緊密相連的事業。

人們在聊天時，如果提起自己所從事的工作，肯定有人會因此表現得興趣盎然，但更多人卻是充滿了無奈和抱怨，不是訴說工作中不盡如人意的地方，就是針對工作內容、性質或在工作中接觸到的各樣人等挑剔。說到底，工作本身並沒有為你帶來多少快樂和成就感。往大處說，所從事的工作對人生而言，並不構成多大的積極意義；往小處說，或許根本不喜歡那份不能給自己帶來快樂的工作，之所以在某個時期能夠堅持下來，僅是為了掙錢過日子。

其實很多人都有自己喜歡從事的事業，只是由於各種原因而無法任性而為，只好在比較符合自己現實狀況的工作中蹣跚前行，等待更接近理想的事業出現。也有很多人在離理想較遠的工作或在自己不喜歡的工作中，做出了一定的成績，獲得不少物質方面的肯定，但在更深層次上，卻沒有感受到多少有價值的東西，比如精神享受、心理滿足感等。於是，他們在客觀條件允許後，總要朝著心目中那份神聖事業的方向去奮鬥。

之所以說事業是神聖的，是因為對於我們每個人而言，心中總會對自己特別熱愛的所有東西充滿親近感，甚至還會有一定的膜拜之心。如果你目前正好做的是自己非常喜歡的工作，並把它當作長期的事業在經營，那麼你一定會覺得這份工作在自己心中比較神聖。有了這一基礎，當你再談起與事業有關的話題時，必定能說出很多切中要點的中肯之辭。

二〇一三年初，何東採訪黃渤時，兩人有過一段關於事業的對話。

何東：「你是特別的一個，好多演員現在就是說有點兒錢開個飯館，據我知道都是胡說八道，一鼻子灰一鼻子灰的撞。你是真當上老闆了，有一度還不太缺錢，可是最後是一跑了之，就把這攤全給撂了。你是不是那會兒自己心裡還有一個下意識的想法——就是說，我還是要幹文藝？」

黃渤：「就很簡單，你就認為你幹了那個以後，你覺得快樂離你越來越遠了，我就不開心不快樂。為什麼後來自己晚上跑著找唱歌，唱完了自己覺得特爽。包括現在也是，有人說做生意做什麼的，一個是你是不是那塊材料，另外一個就是我可能相對比較老成。可能因為以前江湖混跡比較久，就是看的事兒也比較多，說實話，其實在同齡或者左右的一些人看起來，你說錢現在掙得多嗎？跟人家做生意比，根本不是錢。少嗎？比上班，你再怎麼掙，你白領，金領你也掙不過我，對不對？那就是說我想去哪兒玩，我錢夠不夠？夠了。領家人去玩玩兒，夠了。然後買這買那，我又不買直升飛機。其實都夠了。你回頭想想，就是讓自己怎麼開心怎麼來唄。

真的是，你回頭發現你掙的那個錢跟快樂，它不是成正比的增長，而是成正比的反向增長。就是因為你要拿這個錢，你一定要付出這樣那樣的心力。比方說你多拍戲，你多掙錢，或者說你多分些心去做別的，**費你腦細胞，你一定就把你剩下來能感受快樂的時間，變得越來越少**。錢越多，眉頭皺得越緊，到最後就成這了。

我有段時間，還不是跟錢，我這還不是純粹跟錢，就是有的時候，你到人家那兒談，就覺得這個挺好，很搶眼，那個也挺好，也搶眼，這個有點兒意思，這個也想弄。結果後來，你行你都接吧，接完了以後你還得和人家宣傳去，就沒有一天閒著。晚上睡覺眉頭是皺著的。後來一想不對，這事兒不對；其實回過頭來想，跟之前一樣，就是做不做生意、掙不掙錢，這一個道理。這事不好玩兒，不高興不快樂。」

黃渤在成為演員之前的那些年，無論是當駐唱歌手，還是經營工廠，其實都有取得一定的成績。但是，他卻從中脫離出來，就像他自己所說的，在不喜歡的工作中，感受不到多少開心與快樂。黃渤對事業的見解談不上有多少新意，卻十分中肯，他結合自己在幾個領域中多年奮鬥的感受，說出自己對事業的見解與看法，沒有絲毫譁眾取寵的成分，也不像有的明星，提起事業的話題就誇大其詞或者蜻蜓點水。

說話中肯實際上既體現說話者內心對聽眾的誠懇，也體現對自己說話品質的高要求。很多人將中肯話語限定於對別人提意見的範圍內，認為只有在說服或勸解別人時才需要這樣的態度，以利對方更容易接受。其實不然，中肯在很大程度上，也能夠展現一個人的思維與邏輯的合理和順暢，與理解力和悟性不無關係。當談論一個話題時，如果**言辭中肯**，說明你能夠看到問題的要點，**分得清主次，知道自己要表達的主要內容與中心思想**是什麼，進而更能增強別人對你的認同感。

我們在談論事業時，說的不僅是自己所做的事，更和理想與追求息息相關。只有言辭中肯，才能讓聽眾透過你的話語，對你的了解更加真實到位，而你向聽眾表述那些話語的意義，不也正在於此嗎？當我們聽到黃渤說出那番話時，立刻有種「的確如此」的感覺：人活一世不容易，需要時時事事珍惜才行，要讓伴隨你大半生的事業成為令自己快樂的載體；透過努力掙錢使自己和家人過得更好固然重要，而在此過程中是否開心、快樂，同樣值得考慮與重視。

有的人一談論起自己的事業，無論連連抱怨還是激情四射，都顯得比較茫然。按理說，飽含激情暢聊自己事業的人值得讚賞，但從他們的言論中，我們卻很難聽到一些中肯的話語，**抽掉激情以後，所剩無幾，原因就在於他們只是受工作性質或其他因素影響，而爆發出短暫的高昂情緒**，實則對工作或事業並沒有長遠的眼界，更沒有進行過深入的思考。因此，怎麼可能在說話時有中肯的見解呢？

所以，我們在平時的工作中，除了兢兢業業做好事情外，也要花費一定的時間，對自己的工作給予相對深入的一些思考，畢竟它與你的生活品質和成長道路都緊密相關。更重要的是，你或許會對自己的事業有一個全新的認識與把握。這樣一來，等到你再與別人討論時，因為有了喜歡的事業撐起的底氣，你就自然能夠說出一些中肯的見解。

3——說話只是形式，感情才是內容

明損暗挺，做黃渤的朋友真的很幸福。

與人交往，最主要的是講究以心換心，用自己最樸實真摯的感情，換取別人的真心，在彼此交流時營造出融洽的氛圍。人與人之間只有不帶虛情假意的交往，才可能成為真正的好朋友。每當提及自己的好友時，無論怎樣評價他們，都只是形式上的選擇，唯有感情真摯才是真正可以打動人心的內容。

黃渤說話向來愛開玩笑，能夠俯拾即是的拎出有意思的笑點，提到自己的朋友時，也總不忘拿他們尋開心。但是，不管黃渤怎麼說朋友，我們都能夠輕易從中體會到他的說話形式背後對朋友的真摯感情。

二〇一五年，黃渤和王迅、黃磊、孫紅雷、羅志祥、張藝興等人，一起參加上海東方衛視的《極限挑戰》節目，成為當時娛樂圈引人關注的焦點事件。在七月份新浪娛樂頻道採訪黃渤時，他本人透露，接受完採訪後要去和那幾位兄弟聚餐。提到一起參加節目的這五位朋友，黃渤說：「其實中間有幾次大家錄完節目以後，都掉眼淚了。這種感情啊，後來我才是真正理解了。」

看過這個節目的人都知道，幾位明星在節目中遇到過很多狀況，雖然他們表面上經常是競爭關係，但更重要的還是需要他們共同配合和協調，完成了一次次的「難關」。經過這樣多次實實在在的特殊合作後，彼此之間的確培養出不一般的友情。當新浪娛樂記者問黃渤，為什麼會選擇參加這檔真人秀節目時，黃渤說：「一個原因是比較喜歡這種類型，覺得它不是一個單一模式的節目，是積體電路型的，每一期遇見的東西和最後的效果都很不一樣。還一個原因，本來今年休息一年就想玩得嗨一點兒，轟轟烈烈一點兒！遇到了這樣一群隊友覺得還蠻有信心的，另外也看到東方台的態度是特別想做好一個節目，幾個人碰了以後就下定決心來參加了。」

可見，他之所以在給自己放假的這一年裡選擇參加《極限挑戰》，很重要的一個原因就是覺得隊友們非常不錯，而且對主辦方的態度也很滿意，這些其實都已經證明，黃渤自從有參加這檔節目的打算後，就是帶著自己對隊友和主辦方的真摯感情投入其中的。從他的話語中，我們能夠明顯的感覺到這一點。

接下來，記者與黃渤詳盡聊起他的那幾位隊友，黃渤的介紹和回答不無俏皮和逗弄的意思，可從中流露的卻是真真切切的友情。

記者：「知道同伴都是誰以後，有給自己設一個角色定位嗎？」

黃渤：「這都錄了好幾期了，我都不知道自己的定位是什麼！真的，你看其他幾個人就很清楚，顛倒所有人審美的顏值王（指孫紅雷）、神算子（指黃磊）、王迅——常被坑的啊……很清楚。而我自己則是左左右右的，一直在遊蕩著！」

一提起朋友們，黃渤立刻興奮起來。有句形容戀人感情的話——一想到你，就能會心微笑——用在此時的黃渤身上也算貼切。如果沒有真實的感情投入，是不會有如此表現的。

接下來，記者提到黃渤的多年好友王迅。

記者：「聽說王迅是你推薦過來的？」

黃渤：「是，因為王迅是一個特別好玩的人，形象很突出，亮點很明顯。」

記者：「亮點是指他老實嗎？」

黃渤：「哦，不，是他的牙，哈哈哈！而且他之前演了好多的戲都廣受好評，但實際上認可他的人遠遠不夠，我也希望透過這個節目讓更多的人認識和了解他。」

記者：「看你老在節目裡害王迅，所以拉他過來有給你墊背的作用？」

黃渤：「對對對，食物鏈一定要有一個末端！哈哈，開玩笑！其實來了以後，我們各自自然而然的就形成了那種定位，沒有刻意的要怎麼樣。做真人秀這種節目，有時候面對鏡頭都有一定的表演，但是我們這個可能相對不好辦，因為我們老是面臨最尷尬的處境，把你逼成那樣，裝不了多長時間就都會暴露本性了。就比如孫紅雷，我一直覺得他表演成分過重，經常導演剛念完題，就聽他說：『啊！那我知道了！』結果過一會兒就又是他問：『哎，導演你再說一遍唄？你剛才說那個是啥？』好了，導演又說一遍。結果到了另一個地方以後，他又突然問我：『導演說的啥意思？』老不懂裝懂！像王迅也是，其實平時我不是那麼了解他生活中的樣子，參加了節目才發現，他是真摳啊！有一些場景在節目裡被剪掉了，就比如有關金條那期，六十多公里的路啊，要走著去，簡直不敢想像啊！我說我有車，我可以帶王迅一下，但是要用金條換。你說金條他真能拿回家嗎？拿不回去呀！我就向他要幾塊金條，唉唷，那給我費勁的！他都快趴車頂上了，也半塊都不給我。還有我們『爆炸』那期，那個房子突然間爆炸了，所有人都嚇了一大跳，只有王迅還一根筋想著『裡面還有一個電視哪』！你說人都危險了，他第一反應是這個！所以我現在就在回想，之前我們一起去吃飯的時候讓他結帳，他回過頭得多心疼啊！」

記者：「他會結帳嗎？」

黃渤：「結啊！當時我不知道他摳麼，我自己得反省一下，哈哈！」

從這段話中，我們可以看出黃渤說到朋友時的一貫風格。他會毫不介意的在口中將朋友們拍來拍去，挖苦也好、逗趣也罷，**總要從朋友們身上將各種笑料挖掘出來**，形式可謂多種多樣。不過，我們從他的各種「爆料」裡，主要感受到的**並非他們的短處或缺點，而是看到了一群大男孩身上的可愛特徵**，感受到了黃渤對朋友們發自內心的真實情感，以及他們之間心無芥蒂的友誼。

記者：「聽說你們『極限六人幫』之間的感情蠻走心的？」

黃渤：「其實中間有幾次大家錄完以後都掉眼淚了，這種感情啊，後來我才是真正理解了。因為有的情節設置是在一天內，你可能在上一個環節裡還一起齊心協力做任務、至死不渝的夥伴，到了下一個環節就『啀嘊』分開了、翻臉了，你必須得那樣。就這種情感來回的過程太多，沒辦法不真實。你靠表演……平時戲都會演，都演挺好，但這裡面就不一樣了，有那種真實的刺激，有時候就往心裡去得比較多。」

記者：「你之前蹬車送快遞又親歷爆炸的，最開始有想到這節目玩得這麼真嗎？」

黃渤：「沒想到，怎麼可能想到？一開始說炸房子，我們也就覺得弄點兒粉、冒個煙什麼的，後來才發現他們玩真的。給你爆個料，那天孫紅雷真翻臉了，差一點兒就說『玩兒真的啊！真太不安全了！』我說：『紅雷，咱沒拍過電影啊，咱剪那一根就真能炸啊？怎麼可能呢？』他就：『哦！對哦！那應該是外面控制的啊。』你看，這就是他的智商，哈哈！」

記者：「你自己一直玩兒得挺投入的？」

黃渤：「有時候，真的是玩兒急了啊。像這個節目，要被拍下來畫面才有效麼，有時候玩兒急了把攝像（攝影師）都給甩了，因為你後面跟著幾個攝像，他們會暴露你，別人一追你，看著你攝像就過來了，所以經常拍著拍著就真情投入了，攝像也不管了，還挺真實的。」

記者：「張藝興被自己的跟拍PD（導演）『坑』過，你有被PD坑過嗎？」

黃渤：「我更多！比如爆炸那期。他們提前跟我說這次想讓我做臥底，我特開心！覺得突然能掩藏在所有人中間，簡直太興奮了！我還提前來了一天，跟著他們踩點去了，他們就告訴我到哪兒該停車該幹麼什麼的，把幾個點都踩好了，但之後的行動沒有提前告訴我。第二天正式錄節目我特高興就去了，錄的時候我還可勁兒想辦法去搶車鑰匙，就怕別人要開，破壞了計畫。黃磊還有點兒奇怪，說黃渤從來不搶，怎麼今天這樣子？結果『砰』，第一個地方炸完了，我還衝鏡頭樂呢，覺得等會兒我就能整他們了！結果到了下個地方炸完了，下下個地方炸完了⋯⋯一天炸完了，我什麼臥底都沒當上，光當了一天司機！節目錄完了他們才跟我坦白說，覺得我開車比較穩一點兒，不容易出事兒，能保障大家安全而已，根本沒什麼特殊任務！」

除了提到朋友時流露真情實感之外，黃渤對節目各方面的設置，以及大家在活動中遇到的各種境況，其實都懷著一份深情厚誼。從他的描述中，我們能夠體會到他對節目的重視度很高，對節目帶給他的各方面都充滿著感情。很多在活動環節中遇到的艱辛與窘況，都成為他事後回憶時開心快樂的重要資本。如此**真摯的講述，不僅說明黃渤對他所提及的人與事的真情實感**，也是他對採訪自己的記者敞開心扉並投入些許情感的表現，能讓聽話的人如沐春風。

從心理學的角度來說，情感是人對客觀事物所持有的一種態度體驗。一個人在日常說話中，能夠投入自己的真摯情感，既是對自己也是對交往之人態度端正的體現，是一個人生活態度比較積極、心理機制比較健全的注解。因此，我們在與人交往中，要懂得以真心換真心，用真摯情感在社交中為自己開疆拓土，讓你的人生不斷的豐富而飽滿起來。

4——說話溫和，是情商高的基本表現

哪怕是表達跟他人完全相反的觀點，
或者面對自己不喜歡的人，都能溫和說話。

著名導演管虎曾經在接受記者採訪時，這樣形容好朋友黃渤：「他是一個特別容易打交道的人，性格很溫和。」黃渤身邊的一位工作人員也說過：「可能就是天生的吧，他（黃渤）幾乎從來不發火。」

沒錯，黃渤的好人緣和好脾氣有目共睹。作為觀眾，我們對黃渤的了解主要集中在他出演的電影和電視劇，以及各種媒體採訪的節目中。戲中的黃渤無論怎麼表現，都只是角色設定而已，而在公開場合與媒體或觀眾互動的黃渤，大多數時候真實質樸、好開玩笑、活潑幽默，有時因為工作勞累和緊張的緣故，也會有些面容憔悴，但是要提到脾氣方面，他還真的沒有流露過哪怕一絲一毫的不好之處。

很多人都說黃渤情商很高，無論處在什麼樣的場合中，都能言善道，特別會來事兒

（按：意指能洞察人心，察言觀色）。那麼，為什麼大家都覺得他會來事兒呢？很大原因其實在於，黃渤性格敦厚、說話溫和，不會輕易發脾氣，極易使人親近；加上他風趣幽默，有很強的吸引力，人們都願意與他交往。因此也就在不斷接觸中，能夠深切感覺到他為人處世方面的很多優點。

所以我們說，要論一個人的情商到底是高還是低，得經由多次觀察才能下結論，因為它取決於很多方面。但是，不管影響我們判斷一個人情商的因素有多少，從最基本的層面來看，透過他說話是否夠溫和，脾氣是否夠好，就能有一個大致的判斷。**說話溫和，往往可以看作是一個人情商高的基本表現形式**。

二〇〇九年十月中旬，黃渤出席喜劇電影《倔強蘿蔔》發表會，有記者在現場問他：「聽說你隨著名氣越來越火，片酬也跟著暴漲了，而且**你還特意去韓國整了一次容**？」近些年來，與明星整容有關的消息動不動就在網路上鋪天蓋地傳開，很多明星都曾被別人質疑過容貌，有的人遇到類似情況時，頓時就怒氣衝天。畢竟，明星是靠名氣、名聲和名譽吃飯的，如果受到別人污蔑和誹謗，生氣也是理所當然的事。即便有人真的整容了，被別人當場指出來，也會傷及顏面，焉能不生氣？

但是，面對記者的直率提問，黃渤卻沒有表現出絲毫不高興的神色，而是一邊笑，一邊開玩笑說：「如果誰把你整成我這樣，你還不得跟他幹架？我在之前拍的片子裡確實特意扮醜了，但生活裡肯定沒有電影裡那麼髒。我這樣的還整什麼容啊，哪部片把我毀容了就算是整容了！」

緊接著，無所顧忌的記者又特別針對黃渤片酬上漲的傳言提了一個問題：「聽說你拍完《瘋狂的石頭》之後，**你的片酬上漲了一百二十倍？**」顯然，這個問題極具隱私性，不適合在公眾場合交流。不過，黃渤還是沒有對記者表露不悅，仍然微笑道：「別害我了呀，這麼說誰還敢雇我啊？我是聽說一百二十倍的事兒了，要真是漲了一百二十倍，那我的片酬不得直逼好萊塢水準啊？這事兒仔細想想就知道有問題，我一直都在拍小成本電影，像《倔強蘿蔔》這種片子，總共投資才三百多萬，按那個演算法，我得管人家要多少錢？還有我之前拍的管虎的《鬥牛》，導演自己都在倒貼錢，我能開口要高片酬？寧浩的片子更扯不上錢了！你看我一年拍那麼多電影，要是身價那麼貴，早就沒人找我了。」

說著說著，黃渤自己就先笑出了聲，他大概覺得連如此沒有技術含量的問題，都需要自己經常這樣應付，既無奈又好笑吧。最後，他還是忍不住的自嘲一句：「這麼打個比方吧，我就是屬於『物美價廉型』的。」

實際上，黃渤說話具有多種特質，除了顯而易見的風趣幽默外，也挺直率，有時甚至還會充滿個性，不過他所表現出來的個性都有一個前提，那就是語氣非常溫和。或者說，在**語氣溫和的框架內，總能夠將自己說話的個性發揮得淋漓盡致**。

正因為有好的性格和脾氣，加上優秀的職業素養，黃渤在業界和觀眾心目中留下非常難得的好口碑。《看天下》雜誌曾在二〇一四年刊文中評價說：「在演藝界，黃渤是罕見的一個沒有一句差評的人。」在紛繁複雜的娛樂圈打造自己的事業，大多數時候都曝光在眾目睽睽下，要想在無數雙眼睛時刻盯著的狀態中，生活得比較乾淨或說沒有瑕疵，一般人確實很難做到。

黃渤的多年好友、演員王迅曾說過，演藝事業中的人際關係很脆弱，有些人忙了或火了以後，正常的交往就沒了。但是黃渤呢？你發微信給他，他肯定回，而且他會經常主動和你聯繫，問你最近過得怎麼樣啊，在拍什麼戲。王迅與黃渤相識於電影《瘋狂的石頭》拍攝期，兩人最初見面時，互相並沒留下什麼好感，可隨著一次次合作交往後逐漸發現，彼此都是非常值得做朋友的人，於是十多年來結下深厚的友誼。同樣是黃渤好友的導演管虎，在電影藝術上有非常扎實而獨到的見解，也拍出不少受人追捧的好片，但他卻是個性很強的人，與不少人合作完以後就互相看不順眼。可唯獨黃渤，自打兩人在十多年前拍攝《上車，走吧》認識後，就再也沒怎麼分開過，一個導一個演，共同創作了不少好作品。

管虎總結自己和黃渤能夠如此「纏綿」多年的原因，提到三方面：首先，黃渤的脾氣很好，很容易打交道；其次，黃渤做事時極度認真；第三，黃渤很聰慧，悟性和天分極好。管虎說，這三個優點都集中在一個人身上，實在罕見。作為導演，最喜歡的就是這樣既有水準又很踏實還好打交道的優秀演員；作為觀眾，最喜歡的也正是這樣一個能以幽默的語言為大家帶來快樂，能以優秀的演技為大家帶來享受，更能以溫和的語氣為大家帶來融洽氛圍的偶像。

在歷史上，有很多重量級人物都以說話溫和而留存史冊，其中三國時期擔任過蜀漢宰相一職的蔣琬就是其中之一。據《三國志》記載，蔣琬在任職蜀漢大司馬時，有一位叫楊戲的官員不善言辭，每當蔣琬與他交談的時候，他總是默不作聲。蔣琬身邊的人看不慣楊戲為人處世的態度，於是對蔣琬說：「您與楊戲問話的時候，他總是裝著不說話，也太目中無人了。」蔣琬卻溫和的說：「人們的內心想法就像面孔一樣，都是各不相同的。當面順從，背後卻反對，這才是古人所告誡我們的箴言。楊戲想贊成我的意見吧，並非出自他本心；要是反對我吧，則使我顯得更不對了，所以他就不如不說話，這是他性格中痛快的地方啊。」

還有一次，另一位叫楊敏的官員在背後罵蔣琬，說他做事糊里糊塗，根本比不上前任官員（諸葛亮）。有人聽到後，向蔣琬告了密，專門負責法紀的人就請蔣琬治那人的不敬之罪，蔣琬卻表現得十分坦然：「他說得沒錯啊，我本就不如前任，沒必要追究別人。」法紀官員是注重證據的人，於是問蔣琬，哪裡表現了糊里糊塗。蔣琬淡定的說：「如果我不如前任官員，政務上的事肯定就辦得不合理法。要是沒辦好，那就是糊塗的表現啊，還有什麼可追問的呢？」

蔣琬針對別人對自己的挑剔，不但沒有生氣，而且還以溫和的話語替他們開脫，的確是難能可貴。這就是諸葛亮向蜀漢後主劉禪上表說，假若他有什麼變故，後事完全可以託付給蔣琬打理的原因。

說話溫和，能夠使別人更加愉快的接受，尤其是在向別人講道理時，溫和更是難能可貴。不管是從歷史上蔣琬的事例中，還是從與我們生活在同時代的演員黃渤的事例中，都不難體悟到說話溫和之於情商的重要意義。在現實生活中，我們經常能遇到這樣一類人，他們在很多方面都比較優秀，本質也很真誠善良，然而一旦他們開口說話，馬上就會令人反感。究其原因，就是他們不懂得溫和說話，已經將帶有戾氣的口吻當成說話的常態，使旁人聽來總會心生不爽，而當他們發覺人們都不喜歡聽自己說話時，卻可能連原因都無法知曉。

總之，我們在平時的社交中，要特別注意說話的語氣，一定要儘量溫和，哪怕是表達與他人完全相反的觀點，或者面對自己不喜歡的人，都要做到溫和說話，這樣才能有意識的不斷提高自己的情商，成為受大眾歡迎的人。

5——當每個人都在討論「黃渤時代」

「別人看你很美，實際上，蘿蔔中間是不是糠心，只有自己知道。」

在與人交往時，如果態度謙和，便更容易引發別人對你的好感。在我們的骨子裡，誰都希望認識比自己層次更高的群體，同時也更喜愛接受他們當中說話謙虛的那部分人。十九世紀的英國浪漫主義作家史蒂文生（Robert Lewis Balfour Stevenson）就說過：「善良和謙虛是永遠不會令人厭惡的兩種品德。」美國著名發明家愛迪生也曾說：「謙虛不僅是一種裝飾品，也是美德的護衛。」

可見，謙虛作為人的一種美好品質，與高尚的道德情操不可分割。「人之初，性本善」，我們天生就會趨善避惡，喜歡親近那些擁有諸多美好品質的人。在實際生活中，自高自大的人往往令人生厭，而謙虛謹慎的人則極具吸引力和號召力。《晉書．良吏傳．鄧攸》中，作者評價鄧攸「性謙虛，善與人交，賓無貴賤，待之若一。」鄧攸性格謙虛，不管對待什麼樣的人，都能夠做到一視同仁，因此身邊團結了無數一心相交的朋友，而他自己也因此受益，成為棟梁之才。

人的優點可以體現在很多方面，而謙虛無疑是其中頗具分量的一點。即便是一個非常平庸的人，如果他有著謙虛的本性，也能夠使自己顯現出一定的光亮。英國著名物理學家牛頓說：「**謙虛對於優點，猶如圖畫中的陰影，會使之更加有力，更加突出。**」謙虛正如人性高尚的催化劑，能使人的優點格外閃亮。

我們都知道，聖人孔子不僅滿腹經綸，博學多識，而且也非常謙虛。或者說，正由於他具備謙虛的本性，才能夠在任何時候、任何場合都放低身段，向他覺得可以為師的任何人請教問題，也成就他流芳千古的英名。

相傳孔子周遊列國時，有一天，他在往晉國的路上碰到一位擋道玩耍的孩子。孔子對他說：「孩子，你不應該在路中間玩啊，擋住了我們的去路。」沒想到這個小孩不但不害怕陌生人，而且還大膽指著自己在地上用碎石擺弄出來的造型問孔子：「老人家，你看這是什麼？」孔子仔細一看，原來是孩子用泥土石塊和瓦礫所堆砌的一座城堡。小孩問孔子說：「你說到底是城給車讓路，還是車給城讓路呢？」一席話，說得孔子啞口無言，他轉身對跟隨在身邊的弟子們說：「這位小孩如此懂得禮數，可以做我的老師啊。」最後，孔子只好和弟子們一起「繞城」而過了。

這是發生在孔子與七歲的項橐（按：音同「陀」）之間的故事，有史可查。此時，孔子已是名震四海的大學問家，卻在被一個孩子難住後，能馬上謙虛的告誡弟子，並認他為師。兩千多年後，當我們從古代典籍中讀到這個故事，並沒有因為孔子被一個黃毛小子為難就看輕他；恰恰相反，我們從孔子言語謙虛的事蹟中，看到他身上特殊的品質與魅力。

作為一位知名演員，黃渤雖然機智聰明，也經常喜歡開玩笑，**拿好朋友尋開心，但他本質上是個說話非常謙虛的人**，這也折射出他身上所具有的美德。有一次，記者採訪他時，提到他所主演的與以往風格不同的電影《親愛的》。在觀眾的認知當中，黃渤向來擅長喜劇表演，沒想到作為正規劇情片的《親愛的》也獲得良好的口碑，得到大量觀眾的認可。黃渤是這樣看待的：「對我個人來說，只是命不錯。去年的這些電影也好，電視劇也好，好多其實是完全可以不去做的，但是之前一直在飾演同類型的角色，時間長了確實挺無聊的，所以會做這些嘗試。」二〇一五年，黃渤在接受《博客天下》雜誌採訪時，同樣說：「有多少人比你還努力，比你還有天分，但沒有碰到好的機會，所以你還得感謝命運。」

其實要論演技，黃渤絕對算得上一流，可他卻將這種成功歸結為命不錯、感謝命運。一句謙虛的應答，令人肅然起敬。

二〇一三年五月，《影視圈》雜誌的記者採訪黃渤時，問道：「你曾說最喜歡的演員是艾爾．帕西諾，他的角色多是黑社會、員警等狠角色。」黃渤解釋說：「……我之前說過這個，是蠻喜歡他。但其中的原因之一是我身體裡面不具備他的某些能力，所以會特別喜歡他。」三人行必有我師。每個人身上都有其擅長的能力，黃渤的回答實在而真實，同時體現了言辭上的謙虛。

這樣的實例有很多。二〇一五年八月，澎湃新聞記者採訪黃渤時問他：「你有短處嗎？」黃渤想也沒想就直言相告：「有，很多，我其實是一個不太自信的人，就是真的不太敢對鏡頭說自己長得帥這件事兒，其他的……體力在這裡（指參加上海東方衛視的《極限挑戰》單元）不算最好的也不算最差的。」記者又追問道：「智力呢？」黃渤回答說：「智力其實一般，和黃磊老師沒法比。雖然看起來像是不錯，但是因為其他人太差了，就把你顯得高了些。你說一米七五的個子高嗎？但你身邊一群一米五的個子，你就是個大高個兒。」

記者問得直接，黃渤回答得也非常直接，他並不是在被問到類似有可能折損顏面的問題時，遮遮掩掩或含混其詞。而且，他在說話時也摻入了自己一貫好開玩笑的成分，還打了一個恰當的比方，整個回答顯得謙虛、幽默又生動。

二〇一四年，黃渤在接受騰訊娛樂《封面人物》專訪時，有過這樣一段對話：

騰訊娛樂：「每個人都在討論『黃渤時代』，五十億票房啊，你壓力大嗎？」

黃渤：「說實話，數字報給我的時候也嚇了一跳，我說這怎麼可能？後來想想，其實就是市場擴大帶來的結果。而且首先，五十億也沒有裝進我口袋裡，所以想想，要是這五十億裝進口袋裡，其實我真的可以去幹點兒別的了。另一個真的就是運氣比較好，合作的夥伴不錯，項目也不錯，**你的手搭對肩膀了**。挨個兒都扶住了，往前帶你的勁兒比較大而已。」

騰訊娛樂：「你把成功都歸功到別人身上了。」

黃渤：「當然也有我的原因，但我覺得跟其他東西有關係，你說你真的具備這個實力嗎？我不覺得。電影真的說不準，你現在讓我說，一部片子，咱這事兒準成了，我也不敢說。電影公司老闆哪個不比你聰明，哪個市場分析的人不是門兒清（按：北京方言，意指對某件事特別清楚）的，都有失手的時候，所以說這裡面有一定運氣成分。」

騰訊娛樂：「有沒有想過，為什麼觀眾愛看你呢？」

黃渤：「可能我跟他們身邊的朋友差不多，沒有什麼危機感和壓力感，觀眾看到我，想到自己就全是優越感，這不挺好的嗎？跟時代也有關係，我參演的大部分作品，其實都是扣在這個時代上，是不同側面的一些表現。大家在我演的電影裡總能找到一些似曾相識的故事。藝術，尤其是電影，必須和時代是契合的。可能跟我之前的經歷有關係，**我對底層生活有經歷，所以我不會敷衍**，有一個大概正確的態度。」

騰訊娛樂：「觀眾們都愛你，但你卻說，現在不是你最好的時候，前兩年才是，為什麼呢？」

黃渤：「對，確實是這樣。我也在總結原因，有外因有內因，外因就是太忙了，內因就是跟不上。狀態最好的時候是拍《殺生》、《鬥牛》的那個時候，感覺每拍一個戲，你都在帶著戲跑，有層出不窮的想法、假設、嘗試。慢慢的，這樣的東西在減少。而且有的時候工作太忙，應接不暇，本末倒置了。你（到底）在幹什麼事啊？那天有朋友發短信對我最近的成績表示祝賀，我說，嗨，別人看起來很美，實際上，**蘿蔔中間是不是糠心，只有自己知道**。」

從黃渤與採訪記者之間的整個互動來看，他不光非常謙虛的講自己取得成功和受觀眾喜愛的原因——仍然歸結為運氣和其他一些客觀因素——也相對比較深刻的分析這些原因形成的一些背景與機制。可見，他不僅僅是在口頭表達時為了展現自己的謙虛而謙虛，而是他的本性中就真正具備謙虛的因子，他明確的知道自己取得了一些成就，但同時也清楚明白，之所以取得如此盡如人意的結果，是由很多方面共同促成的。光環雖然戴在自己頭上，但這個光環卻不只屬於自己。從這個角度來說，黃渤的謙虛體現的是他對自己和所從事的事業有清醒認識，他身上具備自省的精神。

法國著名思想家盧梭說：「偉大的人絕不會濫用他們的優點。他們看出自身超過別人的地方，並且意識到這一點，然而絕不會因此就不謙虛。他們的過人之處越多，他們越認識到自己的不足。」我們還不能說黃渤是偉大的人，但他在為人處世中的表現，的確在盧梭大師的這段話中得到一定程度的印證。他清楚的知道自己的長處所在，卻不因其而忘乎所以，而是越發知道自己該朝著哪個方向、哪種程度去努力。

很多人在平常說話時，也會有謙虛的言辭，但是與話語相搭配的語調、神色、姿態，以及平時的所作所為，卻能真實的反映出，他其實並沒有謙虛的本性，而只是出於某種表達和場合需要而為之。真正的謙虛，發乎情而止乎禮，代表的是一個人的美德。說話謙虛，也是在維護自己的美德，並無其他勢利因素的考慮。唯有如此，你才能配得上和對得起謙虛二字。

6——扭扭捏捏，說話的大忌

在公眾場合大方展現自己，實在是不太容易的事
所以平日要主動鍛鍊和增強心理素質，豐富自己應對大場面經驗。

人在說話時，最忌諱的形態是扭扭捏捏，不能夠大大方方的透過口頭表達來展現自己真實的說話水準和個人魅力，這樣難免會留下小家子氣的印象，而偏偏這樣的情況又很常見，有這種毛病的人並不在少數。

之所以如此，最重要的原因要歸結到心理因素上。一個人無論性格多麼外向，表現欲多麼強，總會在某些時候產生緊張心理。緊張，從更深層面來說，是一種恐懼心理在作祟。每個人或多或少都有一定的完美心態，對自己各方面的表現也會有一定的要求；當人處於公眾場合時，總想讓自己的表現令別人滿意，也總擔心自己在哪一點上表現欠佳而受人嘲笑。這一點點源自維護自尊心的恐懼感，不但不能夠激發表現能力，往往還會影響到正常發揮。

因此，一個人在公眾場合能夠大大方方的展現自己，實在是不太容易的事。我們在平時的社交過程中，要透過主動鍛鍊和增強心理素質，豐富自己應對大場面的經驗，使自己能更快的成長為見多識廣的人，這樣才能逐漸培養出大方的語態，彰顯自身說話的魅力和吸引力。

黃渤在公眾場合，不管遇到什麼樣的情形，都能夠落落大方展現出最好的自己。二〇一二年，《民兵葛二蛋》主要演員登臺參加北京衛視的《大戲看北京》單元。在錄製過程中，女主持人栗坤忽然提到，要讓之前受邀主持過金馬獎的黃渤從主持人的角度，以主持人的口吻和方式，向觀眾們介紹與他一起到現場的其他演員，交代清楚他們是誰，在《民兵葛二蛋》中都扮演什麼角色，與主角葛二蛋是什麼關係。

別看這似乎只是個小小的任務，其實做起來並不簡單。一方面，黃渤雖然主持過金馬獎，有一定的主持經驗，但畢竟不是專業主持人，也沒受過多少主持方面的培訓，而且不同的場合需要不同的主持風格；另一方面，這個任務來得太突然，幾乎沒有給黃渤多少準備的時間，而是需要他即興發揮。

觀眾們聽到栗坤對黃渤提出的這個要求後，立即鼓掌贊成。人們都知道黃渤說話幽默，即興發揮能力不一般，此刻能碰到如此機會，誰都想看看黃渤到底會如何表現。

黃渤接到任務後，並沒有絲毫推辭，而是立刻就進入狀態，他走到並排站立著的演員隊伍的一端，大大方方開始了黃氏風格的幽默主持：「《大戲看北京》，今天高朋滿座，我們看到這麼多嘉賓來到了我們的活動現場。首先，站在我身邊的這位英俊瀟灑的男士——哦，不是，是美女，她叫童瑤，她在戲裡面演的角色是喜子，也就是我一直追求的從小訂了婚的媳婦……」說著，黃渤故意往童瑤身邊靠了靠，口中繼續說道：「……一看，很簡單，郎才女貌。」全場立刻開心的大笑起來。

接著，黃渤開始介紹第二位演員閆娜：「這一位跟我也有關係，這一次呢，閆娜在戲裡面演的是我的前歡，啊，就是我的舊愛——這個（稱呼）聽起來比較瘆人（按：瘆音同「甚」，有令人害怕之意），但是呢——之前我們彼此都有好感，這裡面就因為兄弟仗義，因為高虎飾演的麥子喜歡上了她，為了兄弟，我忍痛割愛了。」

下一個介紹的是男演員李夢男，黃渤故意說：「旁邊這位美女……」觀眾們瞬間哄堂大笑，他繼續說：「這位大家也已經很熟悉了，我們的夢男老師，這次他飾演我的恩師。」

「我這邊這位美女，我站在她旁邊，心經常都會怦怦的跳，因為她是我們這個戲裡面唯一一個沒愛上我的女人，我們這次……這怎麼說呢？如果別人都不來的話，我就一定說她是戲裡邊長得最漂亮的……」黃渤開著玩笑介紹第四位演員：「湯晶媚。湯晶媚的眼睛是我們這個戲裡面經常冒火花的地方，就是我們經常對戲的時候，都不敢直視她的眼睛，因為眼睛太漂亮了，一看就容易忘詞兒。」

接下來介紹的是演員方慧：「這邊還有一個，還有一個，我還忘了，最打動我的……這是跟我從小一塊兒長大的，我們這裡邊江湖人稱『小抹布』的，因為她的戲服特別的好，經常她換了衣服以後放在現場就會找不到，會跟抹布混在一起，挑不出來，她的整個戲服都是髒髒的——苗子（方慧在《民兵葛二蛋》中飾演的角色）。」

黃渤最後介紹的是自己的好朋友王迅。他們兩人是多年的好朋友，一起參演過很多電視劇和電影，也一起接受過很多節目的採訪。黃渤對王迅向來毫不客氣，曾多次在節目採訪中拿好友尋開心，而這次也絲毫沒有例外：「這個不太好介紹，你知道嗎？我們怎麼介紹？之前大家應該對他有所了解——『別摸我』（寧浩導演的電影《瘋狂的石頭》中王迅說過的經典臺詞）——《瘋狂的石頭》中的四眼兒男，這次他又創造了一個經典的臺詞，過一段時間大家可能會從我們的戲裡邊看到，就是——（碰了一下王迅）自己來一句吧。」王迅馬上配合道：「正兒八經的（《民兵葛二蛋》中王迅常說的臺詞）。」

黃渤在介紹這幾位演員時，在展現自己語態落落大方的同時，又不乏幽默，還能針對他們在戲中飾演的角色和人物特點，以及幾位演員本人的特色，極其到位而完美的說給觀眾聽。在整個過程中的表現，如同一名不僅合格且相當優秀的主持人，讓人們親眼見識了他的舞臺魅力。

類似這樣的場景，出現在黃渤身上無數次。有的主持人是針對黃渤曾經唱歌的經歷，讓他現場表演一下歌舞；有的是結合他曾多次在出演電影時使用方言的特點，讓他即興講幾句各地方言；有的則提起他曾經在北京電影學院學習的配音專業，請他當眾說幾句曾在動畫片或戲中的配音片段，甚至還出現過以雙簧形式來表演的場面……不管哪種場合，無論主持人還是觀眾，只要提出要求，黃渤基本上不會拒絕，都能立即到位、大大方方展現出自己的風格。實際上，作為一位公認顏值不高的演員，黃渤正是靠著一次次的優秀表現，將自身實力呈現在人們眼前，吸引並逐漸積累無數支持他的鐵粉。

總之，我們要想在說話時將自己最好的狀態呈現給別人，就**應當有意識的去鍛鍊自己的說話語態**，以最大方的形式應對社交當中出現的狀況。平時，我們可能需要花費一定的功夫，採取一定的鍛鍊方式，來提升和加強自己的心理素質，但是到了真正需要發揮的時候，只需要完全放鬆自己，**哪怕表現得有一點無所顧忌也沒關係**。此刻，需要你考慮的焦點已不是如何調節緊張心態，而是大方勇敢的直接進入到現實狀態中，就像一個胸有成竹的專業人士，以實際行動去經營和維護好自己可以爭取到的吸引力。

7——評價別人要結合特色，有理有據

評價別人，尤其是那些有一定影響力的人，你得舉出實例，還要有觀點，更重要的是要結合被評價者的特色。

評價別人是一件比較複雜的事情，對評價者的情商與智商都是一個極大的考驗。如果說得不到位，很容易傷害到被評價者的感情，還可能會給自己帶來不必要的麻煩。特別是評價那些功成名就、有一定影響力的人，更需要慎重，最好不輕易開口。如果必須評價，就一定要根據話題範圍和需要，結合對方身上的明顯特色，有理有據的做出評價。這樣，才能保證你在社交上不會出現太大的失誤。

二〇一四年中國國慶前夕，由黃渤主演的三部電影——《心花路放》、《親愛的》、《痞子英雄二》先後上映。一時之間，本就家喻戶曉的黃渤，名聲再次大震。這三部電影的導演分別是來自大陸的寧浩、香港的陳可辛、臺灣的蔡岳勳。而黃渤作為一名大陸演員，參演這三位不同導演執導且在同一檔期上映的電影，更是大大增強了與他有關的話題性。電影上映前後，黃渤接受大量的媒體採訪，無論採訪的規格是高還是低，規模是大還是小，幾乎很難繞過的一個話題，就是被問及對三位導演的對比評價。

比如，澎湃新聞記者採訪黃渤時就問道：「這次國慶檔三部電影分別是和大陸、香港、臺灣的導演合作，有什麼不同的感受？」

黃渤分別針對三位導演的特點和給自己的印象，詳細的回答一番：「完全不同，他們每一個人的風格要求不同，是三個不同的路子。

「寧浩因為熟悉，我介紹他都快介紹煩了，標準處女座，折磨死別人也折磨死自己。以往寧浩的東西比較極致，這次（指拍攝《心花路放》）相對比較鬆。以前從創作到劇本都很緊張，沒有大概、比較這樣的詞，包括《瘋狂的石頭》、《瘋狂的賽車》，有的鏡頭要不要，他早就想好了。現在拍片比較鬆，這可能跟年齡、成熟度都有關係。

「陳可辛，我是第一次和他合作，在我心目中他一直是好導演，他是一個很聰明的導演，會拍電影也懂得行銷自己的電影。《親愛的》一開始我以為是個文藝片。但他的拍法，找了一級演員的陣容，把這樣的題材跟商業元素結合到一起。」

說到這兒，記者追問了一句：「你有沒有被陳可辛折磨？」

黃渤繼續說：「他在現場比較溫和，其實他被我折磨得不輕。很多時候他覺得夠了，可以了，我覺得還可以再來一下、再來一下。他在香港導演裡，算是比較文藝的導演，對內地文化的了解也比較深。我說的文化不在於風土人情，而是現實社會狀態下出現的矛盾衝突，他會有自己的一些理解。《親愛的》這部戲中有作者態度，而且很清楚，就是從正反兩面來講親情人性的態度。

「蔡岳勳，是三個裡面最帥的導演，本來就是演員出身麼。他用臺灣話說，就是一個很ging（硬撐）的導演，第一次拍《痞子英雄》用了七千萬元人民幣，這次拍《痞子英雄二》他又花了一億多元人民幣，這對臺灣電影來說不可思議。他看起來溫文爾雅，但內心很狂野，他的狂野都散發在電影上。他有驚人的勇氣和魄力去嘗試，做別人不敢做，甚至是想都不敢想的事。《痞子英雄二》是華語電影上史無前例的電影，我們邀請到眾多世界頂尖級人才來加盟，會有很多人質疑說你們怎麼可能拍得過好萊塢，可是現在拍不過，咱們就不去嘗試，不去挑戰了嗎？」

三位導演在華人影視圈中都享有很大的名聲，他們之前執導的一些電影在華語電影史上都有一定分量。黃渤作為一名演員，哪怕跟他們再熟悉，要評價他們，而且是同時評價，尤其針對的是同一檔期上演，且都有自己主演的電影展開評價，的確是件不容易把握的事。但是，記者既然提到這個話題，就不能不正面回答。

從黃渤的評價中可以看出，他既非很空泛的簡單說幾句毫無實質內容的話，也沒有信口開河說一些不符合實際的評語，而是結合三位導演各自的拍戲風格、電影特色和拍戲過程中的實際表現，以及自己對三位導演的熟悉程度，相對全面又有理有據的進行評說。

寧浩跟黃渤認識較早，有十多年的交情。黃渤最初成名，也正是從和寧浩合作《瘋狂的石頭》開始的。多年來，彼此之間非常熟悉，關係也不同尋常，可以說是比較要好的朋友，因此黃渤提起寧浩時，評論風格比較輕鬆甚至調皮，用詞上也很少有顧慮。但他仍然以事實說明寧浩拍戲時喜歡「死磕」（按：北方方言，意指不分勝負絕不罷休）的特點，也指出寧浩在導演風格上的一些變化，說得很到位。

陳可辛是香港影視界的實力派資深導演，也是黃渤比較欽佩和尊重的前輩。黃渤結合他們合作《親愛的》這部電影的情況，分析了陳可辛導演的一些特色，比如文藝味較濃、懂得宣傳行銷、有一定的深度和廣度、很會用作品來表達態度等等。我們從黃渤的評論中，似乎對陳可辛導演多了一層了解，同時也感覺黃渤就像一位資深影評人，句句都落在重點上。

演員出身的蔡岳勳導演又有不同於前兩位的拍戲風格。黃渤列舉了幾個數字，站在臺灣電影一般情況的角度，用對比法評價蔡岳勳表面溫文爾雅但內心狂野，具備很大的拍戲勇氣和魄力。如果之前對蔡岳勳導演不怎麼了解，此刻透過黃渤的介紹與評價，再回頭去搜索蔡岳勳的資料來看，的確如黃渤所說，全部合理。

在評價三人的過程中，黃渤最大的特色就是，他能夠用事實說話，舉出一些活生生存在的實例，如寧浩導演原來拍《瘋狂的石頭》與後來拍《心花路放》時的不同風格與表現、陳可辛導演在電影拍攝現場的態度、蔡岳勳敢於花錢拍戲的事實等，作為自己評價的依據和理由，闡述自己的觀點，絲毫沒有空口評說的跡象。

即便你是一個特別低調，非常不喜歡討論別人的人，也難免會遇到需要評價他人的時候。那麼，就需要學會怎樣評價別人才不會與自己的意願背道而馳。一般來說，就像黃渤評價三位導演時那樣，需要注意三點：

其一，**儘量要能列舉出有助於你闡述觀點的例子**，這是你所做出的評價是否能夠使人信服的基石。

其二，**一定要有觀點**——哪怕是借用別人的觀點，不能只是舉出一些例子，而沒有說清你到底想表達哪種意思；也不能只是靠自己的主觀感受或情緒，說一些感性色彩較濃的話，因為這樣很容易讓聽眾認為你的評價只是沒有分量的片面之詞。

其三，**必須結合被評價者的特色**，才能使你的評價具有針對性和較強的信服力。有的人評價別人時，也許能做到有理有據，但只要細心發現就會知道，他所做出的評價放到很多人身上全都適用；歸根究柢，他只不過是說出一些普遍的現象或觀點，並非一步到位的點出個性化色彩較強的特點。

總之，只要把握好以上三點，再有意識的鍛鍊觀察和思考能力，就能對別人做出比較到位的評價，而不至於因你的評價為別人和自己帶來不必要的麻煩。站在被評價者的角度，只要別人對自己的評價有理有據，是中肯的，是確實符合自身特色的，那麼無論他的評價是否犀利，都值得我們認真聽取。

8——悲憫之心最能走入人心

我們每一次懷有悲憫之心的開口，都是與他人的一次心靈交會。

當在現實生活中或透過媒體，看到社會上發生的一些不公平現象時，你會不會心生悲憫？我們生活的世界，無時無刻不在演繹令人心酸、值得悲憫的事件。很多生活在底層的弱勢群體，往往會成為那些社會事件中最大的受害者。

悲憫之心體現的是莫大的道德情懷，尤其是作為有一定公眾影響力的人，如果自身時刻懷有一顆悲憫之心，並且經常在公眾場合宣揚這樣的高尚情懷，對提高民眾意識就能起到一定的警示和教育作用。而且，對底層民眾的悲憫，也往往能更走心，與大眾產生情感上的共鳴。

黃渤主演的電影《親愛的》，講述的是與現在社會上普遍存在的「拐賣兒童」有關的故事。這是一部根據真實故事改編、極具現實意義的影片，對拐賣兒童這種極其醜惡的社會現象，進行了真實反映與批判。影片上映後，在社會上引發了一定的迴響。作為主演，黃渤也常在媒體採訪中被問到相關的話題。二〇一四年，澎湃新聞記者採訪黃渤時就有過這方面探討。

記者：「你與《親愛的》當事人接觸過嗎？」

黃渤：「前期有看過新聞紀錄片，知道大概的故事。拍攝的時候他來探過一次班。影片放完也見過一次。」

記者：「見面的時候你的狀態是怎麼樣的？」

黃渤：「這個故事我們走了多少遍了，心理很複雜，覺得說什麼都無力，都是很殘忍的。我們跟彭高峰（電影《親愛的》的原型）見面的時候，他的小孩是找回來了的，旁邊還有好多小孩是沒有找回來的。如果都是小孩找回來的，還可以聊一下這個過程。可這樣一種情形之下能說什麼呢？說什麼都很殘忍。我演這個人物之前就已經想好了，就是儘量靠近，不玩花活，不希望出彩，只是儘量還原。即便這樣，我們在拍攝過程中體會了很多，也遠遠不及原型人物的萬分之一。」

記者：「類似的社會問題，生活中有接觸嗎？」

黃渤：「有過接觸，微博打拐（按：二〇一一年春節期間，由微博網友發起的解救拐賣兒童的事件）。現在心裡下意識想迴避。你能做什麼？有時候呼籲捐款，微博上一片支持。但個人不是一個機構，很多人希望在國家尋求有影響力的人說話，但這不是個人能夠解決的。」

記者：「那你現在怎麼做公益？」

黃渤：「我公益還是做了很多，比如呼籲少用一次性筷子，給貧困地區學校的資助等。我想踏踏實實做點兒好事。我認為明星做慈善不在於捐了多少錢，在於帶頭作用。我覺得只要能踏踏實實做力所能及的小事兒，比如某個貧困地區的一所學校我給修好了，教師的工資我給發了，我就心滿意足了。」

面對記者提到的沉重話題，黃渤罕見的表達自己不知道該說什麼好的意思。在他看來，當自己面對受害者家庭時，無論怎麼去安慰，都是非常殘忍的。在他與記者談論這個話題時，並沒有說出多少與事件本身相關的話，更沒有像某些明星，每逢如此場面，就開始大喊口號，彷彿要讓大家都知道自己有多關心社會問題，多同情底層百姓。

黃渤只是平實的表達自己心中的想法，同時也說出自己參演這部電影之前的一些表演層面的想法，即儘量真實的去還原事件本身，而不是玩各種花樣來取悅觀眾。其實，將真實事件以最貼近事實的方式還原到螢幕上，讓觀眾澈底了解這類現象，就是這部電影最好的演繹方式。

黃渤憑著幾句平實的話語，立刻就走進人們的心裡。這樣殘酷的社會事件，本來就令每一個人痛心疾首，應該受到強烈譴責。我們從黃渤的話語中，看到他少有的嚴肅表情、語態和神色，並從中感受到他對底層弱勢群體強烈的悲憫情懷。

一個有能力、有所作為的人，在遇到不公的社會事件時，如果只是為了自己的名聲，憑著嘴上功夫大喊口號，而實際行動卻無甚作為，那並非真正的悲憫之心。正如黃渤所理解的，只有踏踏實實做點好事，才是真正的公益行為。同時，黃渤也並沒有誇大有影響的公眾人物的個人能力，而是很深刻的指出該有能真正做事的機構，去為有需要的人們解決問題。他的說法沒有絲毫譁眾取寵，也沒有推脫自己能承擔的社會責任，只是在一顆悲憫之心的托舉下，實在的說出自己的想法和做法，很容易與大多數的人產生心理共鳴。

自古以來，無論哪個國家或民族，都出現過大量心懷悲憫之心的人，他們在社會歷史中共同形成一股特殊的力量，無論在激發人們的社會責任，還是鼓勵人心向善或反抗和打擊醜惡方面，都起到很大的作用。正如當代作家陳蔚文在一篇文章中所說：「一個有悲憫心的人是幸運的，因為悲憫在某種程度上能夠紓解自私、淡化不平，它是一種溫柔而持久的心靈光澤，經得起時間的變遷。悲憫並不僅只對個人，它也是對自身、對人類、對於萬物普遍的情感關懷。」

二〇一四年，巴基斯坦十七歲的少女馬拉拉獲得諾貝爾和平獎。她從二〇〇八年開始，因堅持爭取全球婦女與兒童的教育權利而受到聯合國表揚。二〇一二年，聯合國特地將每年的七月十二日定為「馬拉拉日」，以支持和讚揚她的高尚作為。馬拉拉曾在聯合國總部發表過一次演講，其中提到：「親愛的兄弟姐妹們，請記得一件事：『馬拉拉日』不是屬於我的日子。今日是屬於曾為自己的權利說話的每一位女人、每一位男孩和每一位女孩。數以百計的人權運動家和社會工作者不僅為自己的權利發聲，同時也努力去實現和平、教育與平等之自我目標。成千上萬的人被恐怖分子殺害，數百萬人因此受傷，而我只是其中之一。為此，我站在這裡，一個女孩，於人群之間。我不是為自己說話，而是為那些無法發聲的人說話，那些為自己的權利抗爭的人。他們能和平居住的權利，他們能受到尊嚴對待的權利，他們能享有平等機會的權利，他們能接受教育的權利。」

此時的馬拉拉，雖然只是一位未成年人，卻已經在全世界的公益事業上奮鬥了好幾年，並且取得突出的成就，她也曾遭受恐怖分子的人身傷害。在她的這篇演講中，我們看到一個平凡又偉大的孩子心中所飽含的莫大悲憫之心。正所謂有志不在年高，我們作為一名普通大眾，透過馬拉拉樸實而擲地有聲的演講，彷彿深深的感受到她所經受和奉獻的一切，也體悟到她心懷天下的志向與仁心。她的話語，深深的說到每個人的心坎上。

也許很多人會認為，自己本身很渺小，力量相當有限，在社會公益方面不可能有所建樹。那麼，當他們知道了馬拉拉的事蹟後，還有什麼話可說呢？悲憫情懷應該存在於每個人的心中，當遇到合適的機會時，要拿出將其發揚光大的責任心，引領越來越多的人，共同為社會的美好明天奉獻力所能及的力量。相信我們每一次懷有悲憫之心的開口，都是與他人的一次心靈交會。

9——冷靜對待別人的誇獎

「我最清楚自己與那些鮮花和掌聲之間的關係。」

我們可以毫不誇張的說，天底下沒有一個人不喜歡別人的誇獎。一方面，外界真心實意的誇獎自己，是對自己某方面水準的直接認可。從客觀層面說明，我們以往的努力得到了些許回報，值得高興；另一方面，別人誇讚你的話，聽起來必定非常受用，哪怕有些誇讚是源於交際所需，或因為別人對你的了解不夠深入，屬於過高的評價，但也會讓你產生愉悅的情緒。

只是，當受到誇讚的時候，我們在體驗愉悅的同時，也不能沉溺在別人的誇讚之中。最起碼，自己要對來自外界的讚揚有清醒的認識，而且要對別人讚揚你的那些方面，要有深刻的反思和自知。

如果別人對你的誇獎符合事實，那你也要知道，這只是對你過去所做之事的認可，並不代表你在現在和未來，能夠一如既往和一成不變的優秀下去；要真想一直優秀或者有更大提升，你就要在體驗因外界誇獎而帶來愉悅心情的同時，把它當作對你未來前行道路上的一種鼓勵。你要在時間範疇中，認清楚自己的過去、現在和將來之間有著必然聯繫，但同時又不可能成為一個牢不可破的整體。只有自己不斷努力，才能維持一種被別人誇獎的優秀狀態。

而如果別人對你的誇獎只是出於社會應酬中的禮貌，那你就更不能受之影響而不思進取。你要認清楚自己的真正實力，知曉自己的優缺點，能夠在他人身上取長補短，努力讓自己變成值得外界真心實意誇獎的對象。

所以，當別人誇獎你的時候，從你的一言一行，特別是從你的對答中，就可以看出你的清醒程度和對待褒獎的態度，甚至可以體察到你在多大程度上受到了外界誇讚的影響，進而推估出你的未來到底會呈現怎樣的面貌，是洋洋自得不求進步，還是以此為動力而努力奮進呢？

總之，**唯有冷靜對待別人的誇獎，你才可能在心靈和大腦中為自己騰出認識真實自己的空間**，對你未來要走的路有所幫助，而這也能夠體現出你說話水準的高低。

身為一名優秀演員，黃渤近年來獲獎甚多，受到大大小小的讚譽也不計其數。每當別人誇獎自己的時候，他總能夠應對得非常冷靜且得體，我們很容易就可以看出，他是個具有自省精神和很強的自知能力的人。

二〇一五年八月，澎湃新聞記者採訪黃渤時，從好幾個方面對他提出讚賞，結合實際來看，完全都是合情合理的讚揚。但是從黃渤的應答中卻可以看出，他對自己過去的表現看得很清晰，對現在各方面的狀態——優異和欠缺，也認識得比較清楚，雖然在普遍層面上受到不少的誇讚，可他始終特別冷靜。

記者：「（在參加上海東方衛視的《極限挑戰》時）有一期節目，你和黃磊穿相撲道具服摔跤，看你們最後都虛脫了，好拚。」

黃渤：「那天完全和蒸桑拿一樣，大中午的太熱了，連站在大太陽底下看我們的人都不行了，我們倆穿那個相撲衣服，短胳膊短腿打了兩下就弄不動了。沒你想像的那麼拚，我們還是怕受傷，因為水上立了好多柱子。」

記者評價黃渤和黃磊在節目中好拚，是誇讚兩位實力派演員做事踏實認真，沒有因為節目主辦方設置的條件艱苦就粗糙的應付。觀眾透過電視螢幕，的確看到的就是他們好拚的狀態。可黃渤卻主動爆料節目中也採取了一些保護措施，告訴人們其實自己並沒有大家看到的那麼厲害。這就說明，他不想讓觀眾因為不清楚情況而讚揚自己，也不想「裝糊塗」的接受自己不該擁有的讚揚。

記者：「《極限挑戰》收視率很好，大家都說找對了人，因為一般而言，韓國藝人很會自帶話題，中國演員，尤其是大腕有點兒端著。你覺得呢？」

黃渤：「自帶話題？這要說到孫紅雷，他叫『單刷王』。我們經常拍著拍著，他就一個人對著鏡頭，或者對著小姑娘就去了，一聊能聊半個小時，還得往回揪他。其實我和喜歡他的觀眾對他的了解都一樣，之前對他顏值了解得不是很清楚，透過錄節目，才發現他是如此驚豔！像紅雷老師對自己這麼自信，其實特別好，我覺得自信對一個人來說特別重要，有的時候是支撐他活下去的勇氣，對自己無比的堅信，對著鏡子產生幻覺。我其實也經常和他——取經關於皮膚的保養。你說的這個自帶話題，一方面可能因為私底下我們幾個也比較熟，另一方面也是玩兒起來了，也就不管不顧了。你看藝興，原來是一個單純的孩子，現在慢慢也快被帶壞了。另外，我自己本身也喜歡惡作劇，節目提供了無限的可能性，尤其你看到了那樣的機會，你心裡會很癢。」

記者：「你很會『總結性發言』。」

黃渤：「是嗎？那是貧慣了。」

記者以韓國演員作為對比，提出了一個很普遍的現象，就是中國很多演員在參加節目時放不下架子、放不開手腳，總喜歡端著。而在《極限挑戰》節目中，以黃渤為主的幾位明星卻擺脫了這種困局，將節目效果發揮到最好的程度。無論記者所說的現象是否真實和客觀，但黃渤的回答卻巧妙而清醒。他沒有像很多人一樣，順著記者，貌似謙虛實則默默的接受誇讚，而是**將重點放到其他同伴身上**，自己也站在記者這邊誇起了同伴孫紅雷，雖然方式還是一貫的尋開心口吻。同時，他也**對記者誇讚的事實進一步給出理由**：之所以看起來做得很好，是因為有自己的私心——大家彼此熟悉，而且他喜歡這樣愉快的玩耍。他的回答既樸實，又讓人看得出他對事情本身甚至本質都認識得非常清晰。

記者：「以前我們知道黃渤會演戲、會唱歌、會主持，這一次我們還知道他智商高、會體貼人，還會下海撈鮑魚，節目（指《極限挑戰》）播出後，你多了很多九〇後的女粉絲，你知道嗎？」

黃渤：「啊，真的嗎？（回頭看周圍的工作人員，又仔細想了想）是，你總得給別人了解自己的一個機會，老端著，也不太合適。」

如果說記者之前的幾次誇獎都比較含蓄，那麼這次就是非常直接的說出讚美之詞，連黃渤自己都感覺有點詫異。不過，當他看到周圍很多九〇後時，算是接受了記者的說法，不過卻也給出一個令人佩服的解釋：**要想讓別人對自己有清楚的了解，就要給別人製造出機會**。這個回答其實很有智慧又很幽默，他並沒有承認有了年輕的粉絲是因為自己各方面的優秀，而是謙虛的說希望讓年輕人有機會來了解自己。再一次，我們看到了黃渤他清醒的思維。

記者：「看過你演的《紅樓丫頭》，那是一個眉清目秀的黃渤，說實話，沒敢認。」

黃渤：「啊！真的？我都沒看過。那是我在去北京電影學院之前拍的，當時同組演員李倩才十六歲、曹雪才十九歲，都是小孩子，我當然也很青澀啊，而且那時候有自認為很優秀的、很有智慧的演技，現在一定沒法看……。」

長相一般的黃渤，在顏值方面一貫被人拿來取笑，而記者提到黃渤十多年前的面貌，稱讚他眉清目秀時，黃渤卻用短短一句話說出了兩個層面的意思。其一，他用「青澀」來形容自己年輕的時候，而並沒有直接接受記者所說的眉清目秀；其二，年輕時可能因初生牛犢不怕虎的思想作祟，自認為優秀、演技有智慧，其實就是青澀的表現。如此理解，有一定的謙虛和自嘲色彩，可卻能讓觀眾會心一笑；黃渤顯然知道自己曾是什麼樣的狀態，也知道身為演員更重要的方面應該要在哪裡體現。

記者：「《極限挑戰》裡展現了你鬼機靈的一面，你平時都是演現實題材的小人物多些，有沒有可能將來嘗試一些歷史人物，比如劉伯溫、張良這樣的謀士？」

黃渤：「其實自己還是喜歡現實題材，古裝人物除非是你跳脫出來做一個完全的塑造，比如像陳道明老師演的《康熙王朝》，人物做得很好。否則怎麼做？根兒上都有一些東西難以逾越，因為古裝題材沒有標準，在那一個年代做出大家完全認同的真實感相對現實題材比較難，那個表演的方式方法也不一樣……（看記者並沒有認同的表情）好吧，用一句簡單的話來說，因為我的古裝扮相不好看，所以不適合演那樣的戲，你覺得這樣會不會更可信？」

黃渤向來被觀眾認為是情商和智商都不低的優秀明星，記者所謂的鬼機靈，其實就是誇讚黃渤在參演《極限挑戰》節目時表現出來的聰明。因此，記者也就順勢問他是否會演一些歷史上的智士，沒想到黃渤卻對自己的表演能力看得很清楚，認為自己更擅長的還是現實題材，要參演古裝劇就會面臨更多挑戰與難處。有些演員在受訪過程中，當記者問起是否會嘗試其他風格或題材的戲時，一般都會回答「以後會考慮」，或者「要是有機會一定會去嘗試」之類的話，但黃渤卻直接說自己不太適合古裝戲。

如果讓黃渤參演古裝戲，或許他也能夠全力以赴的演好，可他卻很清楚自己在這方面可能遇到的難題，同時也很清楚古裝戲與現實題材相比本身的差異。最後，他甚至風趣的拿出別人慣於討論的扮相來說事，雖然看似在開玩笑，但絕對可以表明他對自己的表演風格、最擅長的地方以及其他優缺點認識得比較到位。

在二〇一四年，澎湃新聞採訪黃渤時，同樣有些有關讚揚話題的對答。

記者：「（二〇一五年）你主演的國慶檔三部電影都已經舉行了多場試映，觀眾對電影的評價有褒有貶，但對你的表演都十分認可。有人說現在到了黃渤最好的時候，你同意這種說法嗎？」

黃渤：「我不這麼認為。我自己覺得，前兩年才是我最好的時候。」

記者：「那是在拍《鬥牛》、《殺生》的時候？」

黃渤：「差不多。其實這兩年我在創作上有點兒疲憊，到了一個自我認識的瓶頸期。比方說，我接一個戲，除了自己喜歡之外，還為了什麼？為了證明自己的市場價值嗎？有時候覺得這也沒有意義。當自己逐漸達到曾經設定的目標之後，人就會變得茫然。打個比方，我以前的目標是在十層樓，每往上攀爬一段我就會很高興，爬到了第八層、第九層的時候，我就忍不住會想，到了第十層該幹麼呢？我覺得現在我應該提高的不是技巧，而是眼界和審美。**眼界和審美不會因為我演了多少部戲就有所提高，而是來自於對生活的理解、對藝術的理解、對文學的理解、對社會的理解**。有了這些，十樓之上才會有二十樓的空間給我攀爬，而我也能繼續享受攀爬過程中的愉悅。」

在這段對話中，對於觀眾對自己當時狀態的認可，黃渤直接給予了否認。在十多年的演藝道路上，黃渤自然有著非比尋常的感受和體悟，也對自己的演藝事業有著最真實的認識。觀眾對演員的評價，不光只是看他的演技和為自己帶來的主觀感受，也可能會因為出鏡率的高低而受影響，但演員本人卻能從另一個角度對自己做出分析和評判。黃渤感覺到狀態最好的時候是在更早之前，所以他沒有因為觀眾對他在二〇一四年參演電影中的表現，而做出的一致讚揚就改變自我認識。很難說觀眾的評價和黃渤的自我評價，哪種更加科學而客觀，但難得的是，黃渤有專屬於自己的自我評價標準，能夠冷靜的認識自我。

人往往可以看得清別人而看不清自己，也往往容易評判別人而不容易對自己做出評判。所以，要想真正認清楚自己，實際上非常不容易，需要有深刻的自省精神、自我體察水準和思考事物的能力。黃渤在娛樂圈打拚多年，沒有受到不良因素的影響，始終保有清醒的認知和冷靜的心態，非常值得我們學習。

有句話說，人生最難的事就是認識自己。我們在日常社交中，確實需要不斷培養冷靜的自我認知能力，藉由與外界的交流來實現對自己內在素質的正確塑造。特別是說話時，不能因受外界的表揚而頭腦發熱，從而失去冷靜對待局面和認識自我的基本水準。

附錄

黃渤經典語錄

1 當時唱歌的時候最多一天連趕過十一個場，人家分偶像派和實力派，我是體力派。

2 學習這事兒給我帶來的基本上全是恥辱。

3 一聽英語課基本就是強撐，就是那種魂魄已經散去，但是眼睛還得睜著。有一次，英語課分在第一排，離老師最近。一開始是聽力考試，老師就在那兒看著我，我就裝著很認真的寫，一邊聽一邊填ＡＢＣＤ，我覺得表演得已經很好了，用餘光看見老師還在關注我，就裝著思考，裝著裝著卷子都快寫完了。突然聽到一句：「試音結束，現在聽力考試正式開始。」

4 我做菜喜歡材料胡放，調料也亂放，瞎琢磨。做菜的時候，朋友經常說，黃渤，你慢點兒，你別煉出丹來。

5
（說《愛情來電轉接二》的時候）愛情來電轉接是他們演的，我是那個二。

6
魯豫：你現在可以啊，很火啊，是吧？
黃渤：那肯定是火，你想都能坐在這兒跟魯豫聊天了，那還不火嗎？

7
問：你要特努力的話能考上清華北大嗎？
黃渤：特努力？我估計一直努力到現在的話，也說不定。

8
魯豫：寫的歌有被別人唱過的嗎？有唱火了的嗎？
黃渤：唱得人家發火的有。

9
魯豫：你們家最多的時候來過多少人啊？
黃渤：上學的時候來的多。
魯豫：上學的時候來多少人啊？
黃渤：全班來啊。

10
記者：你今天怎麼穿成這樣？

黃渤：今天是把本質的東西散發了一下。
記者：脖子上為什麼還要栓三根繩子啊？
黃渤：這是鞋帶的另外一種繫法。

11
（說《鬥牛》）我在裡面的角色叫牛二，除了牛以外還有很多二的精神。

12
去演一個人太難了，你把你自己變成這個人那就容易了。

13
我發現當時拍得越遭罪（煎熬）的，大家看得就越開心。

14
別人老找我來演小偷，沒辦法，長得已經渾然天成了。

15
網友：羅志祥和孫紅雷同時掉進水裡，你會先救誰？
黃渤：真的不需要再往裡扔一塊石頭嗎？

16
網友：渤哥，請問你考慮過以後做導演嗎？
黃渤：長身體的時候不要暴飲暴食。

17 網友：馬雲說，男人的長相和他的才華往往成反比的，我不知道黃渤你怎麼看這句話？
黃渤：我相信這話也一直激勵著您。

18 陳可辛：黃渤的臉和表情都有一種苦相。
黃渤：導演，你早點兒跟我說，我演這個戲就不用費這麼多勁了，每天看看自己的臉就有情緒了。

19 越來越靠技術吃飯了，後來不是你唱得好就管用，把氣氛做好了才是管用的。

20 人在半山腰的時候是最開心的。

21 你要每時每刻都站在最高處，首先觀眾得認可你。

22 記者：（黃曉明結婚，你）沒紅包嗎？
黃渤：紅包？我不知道現場他會不會發。

23 記者：是否應該由臺灣主持人來主持金馬獎？

黃渤：金馬獎太破費了，要請這麼貴的？

24 你（孫紅雷）不拿把槍，我也覺得你是個壞蛋。

25 王迅已經是盤中餐啦，隨便咽一下就可以。

26 藝興這孩子太乖了，我來抱一下。

27 男人的「苦」，這種苦主要是在精神上的。不是我吃不上飯，沒地方住，生活拮据了，更多的是你老覺得自己這一天天的都白過了，你會有那種特慌的感覺。

28 這個時代不會阻止你自己閃耀，但你也覆蓋不了任何人的光輝，我們只是繼續前行的一些晚輩，不敢造次。

29 我沒覺著自己長得醜，都是別人說的。

30 如果可以改變自己的某件事，我想改變優柔寡斷。

31 如果大家看到了愛馬仕，說明我把工服穿出了愛馬仕的味道。

32 姜文：這麼嚴肅的電影節你為什麼來？
黃渤：這麼年輕的電影節你怎麼來了？

33 記者：有沒有可能將來嘗試一些歷史人物，比如劉伯溫、張良這樣的謀士？
黃渤：……用一句簡單的話來說，因為我的古裝扮相不好看，所以不適合演那樣的戲，你覺得這樣會不會更可信？

34 王迅的才華和長相是成反比的，和他的門牙成正比。

35 我可能不是個那麼乾脆的人。就好像有的人跟女友分手就一刀兩斷，我屬於玩兒拉拉扯扯扯那種。一些沒有完成的夢想吧，我就老是對它抱有幻想，覺得這個目標之前沒有達到，現在是不是有可能做到？

36 記者：長相這個問題給你帶來過困惑嗎？
黃渤：帶來困惑，你還會經常去提它嗎？這好像是一種自信的表現。它確實沒有給我帶來過任何困擾。你之前也認定這事了，對它沒抱任何幻想，之後你也受益匪淺，因為你的特質是別人不具備的，就變成獨一無二的，還挺好。但凡找你演的戲，可能不太好找別人。

37 （聊《人再囧途之泰囧》）我覺得徐崢跟寶強的《人在囧途》就已經被大家認可，挺成功的，兩個人性格差挺大，也就是說這兩個人在一起就製造了好多笑點，我這次過來等於是「囧境升級」，給他們再來一個壓力線，讓他們囧上加囧。

38 大家都一直在誇你帥，慢慢自己也就相信這事兒了。

39 我並不排斥一直被認作喜劇演員……卓別林也沒改變過，難道他就不牛了嗎？

40 就算是草根，我也是冬蟲夏草。

41 （說金馬獎）我覺得這個還挺有緣的。第一次拿了獎以後，第二年過來頒獎，第三年過來當評審，明年可以過來當（評審團）主席。

42 剛考上北京電影學院的時候，有的同學就說，黃渤也考上電影學院了，現在的招生標準太鬆了吧？後來跟一幫帥哥美女去試鏡，導演跟帥哥美女聊了很久，然後過來很禮貌的跟我說，唉，請問你是他們的經紀人吧？後來還有一位長輩知道我要演戲了，然後跟我說：「女怕嫁錯郎，男怕選錯行啊！」看樣子我選對了！

43 （說陳思成）像你這種人，長得好看也就罷了，還要演得好；演得好也就罷了，你還要導得好，你還要不要別人活啊！

44 （說趙薇）一開始你覺得老天爺是公平的，後來，你發現，其實老天爺也不是太公平，就是老天爺為什麼會給一個人如此的外貌，又給了她才華，然後這次又認識到了她的演技，所以你就覺得老天爺還是不公平的，我只是想把這種不滿傾訴給她聽。

45 （說孫紅雷）我和喜歡他的觀眾對他的了解都一樣，之前對他顏值了解得不是很清楚，透過錄節目，才發現他是如此驚豔！

46 （說管虎）我說管虎那麼一個混蛋，你非給他弄阿瑪尼。什麼這個牌子的褲子，那個牌子的襯衣，襯衣領子還豎起來穿，那個邊兒還得挽起來。我說這還是他嗎？慢慢你就把這導演給毀了。他身子裡原來那股混勁，其實是他最寶貴的創作力。

47 票房好，是你跟觀眾之間關係的一個量化表現，觀眾比較喜歡接受這樣的。但是，這個不代表一切。所以你的表現、作品，它都跟時代是有關係的。它給予你什麼樣的東西——你是一個個體——你也會因為這些折射出不同顏色的光芒來。

48 問：國慶檔你有三部電影要上映，你最喜歡哪一部？

黃渤：請問今天哪個導演來了？

49 問：帥哥和美女，哪一個是你不能演的？

黃渤：誰說我這個帥哥不能演美女了？

50 問：你向來演喜劇，此次突然出演比較虐心的電影，有什麼感想？

黃渤：淡妝濃抹總相宜。

51 十年前，世界突然給你開了一個窗，你對滿天的星星充滿好奇，你想把每一顆都摘下來，可現在，你覺得它安靜待在上面，你只是抬頭看看，就挺好的。

52 現在我們是把自己當作一塊案板上的鮮肉，就看它後邊是個怎麼樣的剁法。

53 你是掛在這個大設備的齒輪上跟著轉的，說跳下來就跳下來，那你身邊的機器都會停下來——你現在有工作室，有合作夥伴，有各種你要做的東西，已經不只是在為自己一個人做事了。說一句「對不起，哥們兒歇兩年」就走了，怎麼可能呢？

54 作為這個時代的演員，除了娛樂屬性的東西，你應該做一些什麼樣的東西——無論是接到的作品也好，或者自己想拍的東西也好——隱隱約約覺得這些東西在往你肩膀上放，無論你想不想承擔。

55 之前我們說一個電影票房過億，當時大家的反應都是「哇，過億啊，多嚇人啊。」現在票房過億算什麼事兒？過幾年，「五十億」聽起來也會是個笑話，這東西你自己把它當回事兒了，那也是個笑話。

56 你已經不是一個像年輕時那麼容易憤怒的人了，非要去做出一個憤怒的樣子來，那也是很可笑的事情。

57 我知道我們這行當裡，走個紅毯，藝人之間、宣傳之間就得較勁。各種好玩兒的規矩：誰非得跟誰一塊走！誰非得最後一個走！這個我特不理解，如果是一個剛入行的小孩，你把他放在最後面走，人家記者機器就收了，沒人拍了。如果是真的大腕兒，你放在任何時間段走，他該是焦點還是焦點。這麼爭有意義嗎？

58 我到現在能想起來的真正快樂，而且快樂獲得最多的時候，其實就是草根階段——你所謂的草根階段。這個階段的滿足感來得特別快。

59 （談孩子）我覺得我可以把我的愛給她，家裡邊所有的人可以把愛給她，但是我們要幫助完成一個她的自己，同時在這個過程中，我們不能喪失了自我，我們也不要被她影響得慢慢就成了這個個體的一個附屬品。

60 喜劇老是要裝作好像什麼都沒有，一切沒有發生，特認真的幹一個特傻的事兒。

61 記者：身為一名長得不好看的演員，有什麼成功祕訣？
黃渤：觀眾的審美水準提高了唄，原來光看皮兒，現在看餡兒了。

62 記者：現在畫畫兒水準怎麼樣？
黃渤：有誇我的。有一天我們鄰居來了，一看桌上的畫，驚呼，「哇，這太棒了，這是你女兒畫的呀？」我十分驕傲。

63 記者：看你老在節目裡害王迅，所以拉他過來有給你「墊背」的作用？
黃渤：對對對，食物鏈一定要有一個末端⋯⋯。

64 我其實是一個不太有自信的人，就是真的不太敢對鏡頭說自己長得帥這件事兒。

65 （我）智力其實一般，和黃磊老師沒法比。雖然看起來像是不錯，但是因為其他人（指參加《極限挑戰》的幾位隊友）太差了，就把你顯得高了些。你說一米七五的個子高嗎？但你身邊一群一米五的個子，你就是個大高個兒。

66 記者：有沒有想過，為什麼觀眾愛看你呢？
黃渤：可能我跟他們身邊的朋友差不多，沒有什麼危機感和壓力感，觀眾看到我，想到自己就全是優越感，這不挺好的嗎？

67 那天有朋友發短信對我最近的成績表示祝賀。我說，嗨，別人看起來很美，實際上，蘿蔔中間是不是糠心，只有自己知道。

68 我覺得現在我應該提高的不是技巧，而是眼界和審美。眼界和審美不會因為我演了多少部戲就有所提高，而是來自於對生活的理解、對藝術的理解、對文學的理解、對社會的理解。

69 記者：聽說，你隨著名氣越來越火，片酬也跟著暴漲了，而且，你還特意去韓國整了一次容？
黃渤：如果誰把你整成我這樣，你還不得跟他幹架？我在之前拍的片子裡確實特意扮醜了，但生活裡肯定沒有電影裡那麼髒。我這樣的還整什麼容啊，哪部片把我毀容就算是整容了！

70 記者：聽說你拍完《瘋狂的石頭》之後，你的片酬上漲了一百二十倍？
黃渤：別害我了呀，這麼說誰還敢雇我啊……這麼打個比方吧，我就是屬於「物美價廉型」的。

71 工作是為了更好的生活，它是生活的一部分，結果把這事兒弄著弄著給弄反了。好好活著為了更好的工作，一直明白這個道理，但一直也沒做到。不能完全沒有生活，不能把自己當成一個機器，無論你有多熱愛你的事業。

72 我不會在沒有想清楚之前，就拿出一年半兩年的時間去做一個最後被自己認為沒有意義的東西。

73 凡是跟藝術沾邊的行業，都是閒出來的，絕不是忙出來的，忙到最後，就只剩下活了。

74 我現在的感覺，就像是被帶到了電影工業這臺大機器裡，唠唠唠不停的轉。大家認為你是顆不錯的螺絲釘，就會把你擰到不同的機器上，磨啊磨。長久這樣磨下去，人就會變得疲憊。

75 記者：你會懷念當年的狀態嗎？

黃渤：那是一個剛摘下來的茶葉，後來變成炒熟的茶葉，然後經過這些年壓成了餅，慢慢存放，開始成了年份普洱。

記者：年份普洱很貴啊。

黃渤：也分品種。

76

其實我們每個個體也是時代的產物，你的精神表現跳脫不出時代對你的影響。每個時代出的作品不大一樣。社會狀況比較尖銳、比較複雜，出來的是這樣。社會比較祥和、安寧，出來的自然是那種。你很難讓一個從小在莊園裡長大、每天騎馬、很自由很舒服的人，寫一個很拗、很對抗的東西。你從小的社會教育、家庭背景、玩的夥伴等等，都會給你造成一些感觸，這些感觸慢慢連接在一起，就是你對社會的一些認識。

77

給自己找一個正當的理由讓自己在北京待下去，要不然就這麼瞎混，老覺得太對不起這個青春。

78

記者：你最不能接受的批評是什麼？

黃渤：就是不努力，不盡心。我允許自己做不到，也允許這件事情不完美，但不能允許自己明明有能力、有時間把它做好，卻沒做好。

記者：那你最喜歡的別人對你的評價是什麼？

黃渤：長得真帥，哈哈……。

79 往往害自己的不是別人……有些老演員從不接受採訪、不宣傳，就自己拍點兒戲，紅不紅問題也不大，已經跳脫開這個東西了，真好。你說，誰沒事兒陳芝麻爛穀子（按：意指無關緊要的事或話），自己各種內心剖析跟一個人坐對面聊這麼長時間，而且很多都是萍水相逢，從未謀面，見了面就扒心扒肝，多麼無奈，多麼可笑。

80 你跟別人不存在可比性，你有自己的特點與成長的積累放著不用，幹麼要去用別人的呢……如果你學不會景德鎮的瓷器，你幹麼不去做一個宜興的紫砂呢？沒必要去做那種形式上的模仿。

國家圖書館出版品預行編目（CIP）資料

黃渤說話的藝術：為什麼他能讓周星馳佩服、
林志玲以他為擇偶標準？／劉瑞江著.
-- 二版, -- 臺北市：大是文化，2021.04
320面；17×23公分. --（Biz；357）
ISBN 978-986-5548-45-2（平裝）

1.說話藝術　2.口才

192.32　　110000214

Biz 357

黃渤說話的藝術

為什麼他能讓周星馳佩服、林志玲以他為擇偶標準？

作　　　者／劉瑞江
副　主　編／馬祥芬
副 總 編 輯／顏惠君
美 術 編 輯／林彥君
總　編　輯／吳依瑋
發　行　人／徐仲秋
會　　　計／許鳳雪
版 權 經 理／郝麗珍
行 銷 企 劃／徐千晴、周以婷
業 務 專 員／馬絮盈、留婉茹
業 務 經 理／林裕安
總　經　理／陳絜吾

出　版　者／大是文化有限公司
臺北市 100 衡陽路 7 號 8 樓
編輯部電話：（02）23757911
購書相關資訊請洽：（02）23757911 分機 122
24 小時讀者服務傳真：（02）23756999
讀者服務 E-mail：haom@ms28.hinet.net
郵政劃撥帳號／19983366　戶名：大是文化有限公司

法 律 顧 問／永然聯合法律事務所
香 港 發 行／豐達出版發行有限公司
Rich Publishing & Distribution Ltd
香港柴灣永泰道 70 號柴灣工業城第 2 期 1805 室
Unti 1805,Ph.2,Chai Wan Ind City,70 Wing Tai Rd,Chai Wan,Hong Kong
Tel：21726513 Fax：21724355 E-mail：cary@subseasy.com.hk

封 面 設 計／林雯瑛
內 頁 排 版／黃淑華
印　　　刷／鴻霖印刷傳媒股份有限公司

■ 2021 年 4 月 二版
Printed in Taiwan
ISBN／978-986-5548-45-2
電子書 ISBN／9789865548629（PDF）
9789865548636（EPUB）
定價 340 元
（缺頁或裝訂錯誤的書，請寄回更換）